# QUESTION D'ORIENT.

## DOCUMENTS.

IMPRIMERIE IMPÉRIALE. — Février 1854.

# LA FRANCE

# ET LA RUSSIE.

## QUESTION D'ORIENT.

FÉVRIER 1854.

## PARIS.

A LA LIBRAIRIE NOUVELLE, Boulevard des Italiens, N° 15.

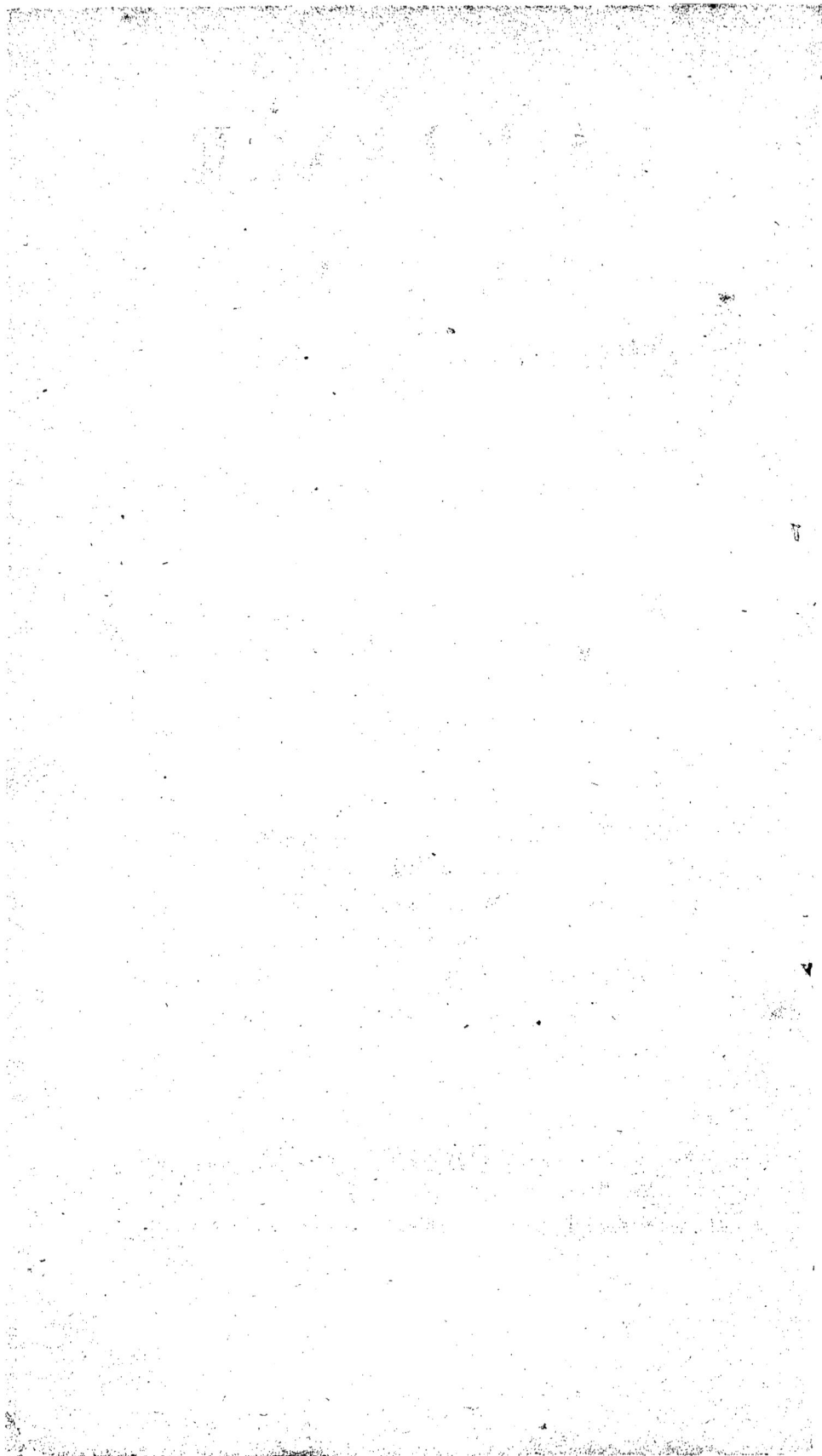

# NOTICE HISTORIQUE.

La France doit connaître, par la lecture des pièces au-
thentiques, les causes légitimes et honorables qui lui mettent,
ainsi qu'à l'Angleterre, les armes à la main pour défendre,
contre l'ambition des Russes, la foi publique et la paix du
monde.

La lettre de l'Empereur Napoléon à l'Empereur Nicolas
ouvre la série de ces pièces, quoiqu'elle en soit en
quelque sorte le résumé et le couronnement. Cette page, si
noble et si ferme, mérite d'être lue la première, et parce
qu'elle analyse avec une admirable clarté les diverses pé-
riodes de la question d'Orient, et parce qu'elle est le dernier effort tenté en faveur du maintien de la paix du monde.
Cette page est l'expression la plus haute de la force et de la
dignité du pays; c'est un appel à la défense de nos intérêts
politiques et de notre honneur militaire provoqué par les
Russes à Sinope, et cet appel sera entendu jusqu'au fond de
la plus humble chaumière.

L'Empereur de Russie, fidèle à la politique de ses ancêtres, cherchait une occasion commode et à sa convenance, d'humilier complétement la Turquie, en attendant qu'il pût la subjuguer. Une fois établis à Constantinople, qui est la clef de la Méditerranée, les Russes auraient menacé, avant un demi-siècle, de leurs flottes de la mer Noire, Alger et Toulon; de leurs flottes de la Baltique, le Havre et Cherbourg. Nos enfants auraient assisté à une nouvelle invasion des Barbares du Nord, chassant devant eux la civilisation et foulant aux pieds la liberté !

L'affaire dite des *Lieux-Saints*, et le *protectorat des Grecs*, qui en a été la suite, ont semblé au Czar offrir cette occasion qu'il cherchait; il l'a saisie avec un empressement qui a trahi, malgré lui, son ambition secrète.

Tout le monde sait qu'à Bethléem et à Jérusalem, c'est-à-dire aux lieux où le Sauveur est né, où il a souffert et où il est mort, la piété des chrétiens a fondé, depuis des siècles, des églises et des monastères. Depuis que l'église d'Orient s'est séparée de l'église d'Occident, il est survenu des rivalités et des luttes entre les chrétiens de la communion latine et les chrétiens de la communion grecque, soit au sujet de la garde de ces *Lieux-Saints*, soit au sujet des cérémonies qui s'y trouvaient célébrées. La France, dont l'autorité politique et morale en Orient est considérable depuis les Croisades, a toujours pris sous son patronage les Pères des monastères Latins. Ces pères avaient été les victimes d'empiétements successifs, de la part des chrétiens de la communion grecque, et le Gouvernement de Louis-Napoléon, alors Président de la République française, obtint en leur faveur, il y a trois ans, des réparations aussi justes que modérées.

L'Empereur Nicolas, feignant de croire que les chrétiens de la communion grecque avaient été dépouillés au profit des chrétiens de la communion latine, envoya, au mois de février 1852, le prince Menschikoff à Constantinople, avec la mission apparente de rétablir les droits des Pères grecs; mais il ne fut pas difficile au Gouvernement français de démontrer jusqu'à l'évidence que les satisfactions qui lui avaient été accordées ne lésaient en rien les droits de personne. La Cour de Saint-Pétersbourg, après examen, fut forcée de le reconnaître; et, dès lors, si le prince Menschikoff n'avait eu réellement en vue que de faire rendre justice aux Pères grecs de Terre Sainte, sa mission eût été complétement terminée.

Il n'en fut pas ainsi, bien s'en faut. C'est alors que les véritables desseins de la Russie éclatèrent. Le prince Menschikoff demanda, avec hauteur et menaces, pour le Czar son maître, le droit de Protectorat direct sur tous les sujets de l'Empire turc appartenant à la communion grecque; et comme, parmi les sujets du Sultan, dans la Turquie d'Europe, de onze à douze millions appartiennent à la communion grecque, tandis que trois ou quatre millions seulement appartiennent à l'islamisme, c'est, au fond, comme si l'Empereur de Russie avait fait demander au Sultan sa couronne.

Cette prétention du Czar à protéger une si notable portion des sujets du Sultan contre le Sultan lui-même, prétention soutenue par une armée, était évidemment la même chose que l'asservissement de la Turquie par les Russes. Cette prétention est d'ailleurs d'autant moins justifiée, que l'Église grecque répandue en Turquie, sous l'autorité du

Patriarche de Constantinople, n'a pas consenti à la sépara-
tion de l'Église russe, dont le Czar est le chef spirituel et
temporel; que le Gouvernement turc est beaucoup plus
doux, beaucoup plus tolérant que le Gouvernement mos-
covite à l'égard des cultes dissidents, témoin les catholiques
de Pologne; et que le clergé grec, en masse, le Patriarche
en tête, repousse de toute son énergie la protection des
Russes, dans lesquels, d'après la rigueur des canons, ils
seraient tentés de ne voir que des schismatiques.

Ainsi, l'ambition de l'Empereur de Russie ne tarda pas
à percer le voile religieux sous lequel il l'avait enveloppée.
Être maître de Constantinople, s'y établir comme dans une
forteresse inexpugnable, dominer sur la Méditerranée en
même temps que sur la Baltique, envelopper l'Europe à la
fois par le Midi et par le Nord, et préparer, dans un avenir
plus ou moins prochain, la domination des Cosaques et des
Baskirs sur tout l'Occident, soumis au plus honteux despo-
tisme : voilà le but des Russes, but que l'Empereur Napoléon signala dès le premier jour, et que toute l'Europe a
vu clairement après lui. Le Czar, mal renseigné par ses
ambassadeurs, avait pensé que la France et l'Angleterre,
séparées par d'anciennes rivalités, ne se réuniraient pas pour
l'arrêter, et il a tellement l'habitude d'inspirer les résolutions des Gouvernements du Nord, qu'il n'avait pas cru
pouvoir douter de leur concours. Il s'est néanmoins complétement trompé !

Lorsque l'Empereur Napoléon, pénétrant les vues am-
bitieuses et perfides de la Russie, résolut de défendre la
liberté de l'Occident menacée, le Gouvernement anglais
se réunit loyalement à la France. L'Allemagne elle-même,

révoltée d'être la vassale du Czar, après s'être réunie à la France et à l'Angleterre pour blâmer énergiquement la conduite déloyale des Russes en Orient, a noblement secoué le joug qu'on s'était flatté de lui imposer, et déclaré qu'elle soutiendrait la cause de l'indépendance des Nations.

C'est donc la cause de la liberté des peuples, de la dignité des Gouvernements, de la bonne foi publique, de la paix, de l'ordre, du travail, de la civilisation enfin, qu'il s'agit de défendre contre l'insatiable ambition de la Russie. Une pareille cause était digne de la France et de son glorieux Empereur.

# LETTRE DE S. M. L'EMPEREUR

# NAPOLÉON III

## A L'EMPEREUR DE RUSSIE.

Palais des Tuileries, le 29 janvier 1854.

« SIRE,

« Le différend qui s'est élevé entre Votre Majesté et la Porte Ottomane en est venu à un tel point de gravité, que je crois devoir expliquer moi-même directement à Votre Majesté la part que la France a prise dans cette question, et les moyens que j'entrevois d'écarter les dangers qui menacent le repos de l'Europe.

« La note que Votre Majesté vient de faire remettre à mon Gouvernement et à celui de la reine Victoria tend à établir que le système de pression adopté dès le début par les deux puissances maritimes a seul envenimé la question. Elle aurait, au contraire, ce me semble, continué à demeurer une question de cabinet, si l'occupation des Principautés ne l'avait transportée tout à coup du domaine de la discussion dans celui des faits. Cependant les troupes de Votre Majesté une fois entrées en Valachie, nous n'en avons pas moins engagé la Porte à ne pas considérer cette occupation comme un cas de guerre, témoignant ainsi notre extrême désir de conciliation. Après m'être concerté avec l'Angleterre, l'Autriche et la Prusse, j'ai proposé à Votre Majesté une note destinée à donner une satisfaction commune : Votre Majesté l'a acceptée. Mais à peine étions-nous avertis de cette bonne nouvelle, que son ministre, par des commentaires explicatifs, en détruisait tout l'effet conciliant et nous empêchait par là d'insister à Constantinople sur son adoption pure et simple. De son côté, la Porte avait proposé au projet de note des modifications que les quatre puissances représentées à Vienne ne trouvèrent pas inacceptables. Elles n'ont pas eu l'agrément de Votre Majesté. Alors la Porte, blessée dans sa dignité, menacée dans son indépendance, obérée par les efforts déjà faits pour opposer une armée à celle de Votre Majesté, a mieux aimé déclarer la guerre que de rester dans cet état d'incertitude et d'abaissement. Elle avait réclamé notre appui; sa cause nous paraissait juste; les escadres anglaise et française reçurent l'ordre de mouiller dans le Bosphore.

« Notre attitude vis-à-vis de la Turquie était protectrice, mais passive. Nous ne l'encouragions pas à la guerre. Nous faisions sans cesse parvenir aux oreilles du Sultan des conseils de paix et de modération, persuadés que c'était le moyen d'arriver à un accord, et les quatre puissances s'entendirent de nouveau pour soumettre à Votre Majesté d'autres propositions. Votre Majesté, de son côté, montrant le calme qui naît de la conscience de sa force, s'était bornée à repousser, sur la rive gauche du Danube comme en Asie, les attaques des Turcs, et, avec la modération digne du chef d'un grand empire, Elle avait déclaré qu'Elle se tiendrait sur la défensive. Jusque-là nous étions donc, je dois le dire, spectateurs intéressés, mais simples spectateurs de la lutte, lorsque l'affaire de Sinope vint nous forcer à prendre une position plus tranchée. La France et l'Angleterre n'avaient pas cru utile d'envoyer des troupes de débarquement au secours de la Turquie. Leur drapeau n'était donc pas engagé dans les conflits qui avaient lieu sur terre. Mais sur mer, c'était bien différent. Il y avait à l'entrée du Bosphore trois mille bouches à feu dont la présence disait assez haut à la Turquie que les deux premières puissances maritimes ne permettraient pas de l'attaquer sur mer. L'événement de Sinope fut pour nous aussi blessant qu'inattendu ; car peu importe que les Turcs aient voulu ou non faire passer des munitions de guerre sur le territoire russe. En fait, des vaisseaux russes sont venus attaquer des bâtiments turcs dans les eaux de la Turquie et mouillés tranquillement dans un port turc; ils les ont détruits, malgré l'assurance de ne pas faire une guerre agressive, malgré le voisinage de nos escadres. Ce n'était plus notre politique qui recevait là un échec, c'était notre honneur militaire.

Les coups de canon de Sinope ont retenti douloureusement dans le cœur de tous ceux qui, en Angleterre et en France, ont un vif sentiment de la dignité nationale. On s'est écrié d'un commun accord : Partout où nos canons peuvent atteindre, nos alliés doivent être respectés. De là l'ordre donné à nos escadres d'entrer dans la mer Noire, et d'empêcher par la force, s'il le fallait, le retour d'un semblable événement. De là la notification collective envoyée au cabinet de Saint-Pétersbourg pour lui annoncer que, si nous empêchions les Turcs de porter une guerre agressive sur les côtes appartenant à la Russie, nous protégerions le ravitaillement de leurs troupes sur leur propre territoire. Quant à la flotte russe, en lui interdisant la navigation de la mer Noire, nous la placions dans des conditions différentes, parce qu'il importait, pendant la durée de la guerre, de conserver un gage qui pût être l'équivalent des parties occupées du territoire turc, et faciliter la conclusion de la paix en devenant le titre d'un échange désirable.

« Voilà, Sire, la suite réelle et l'enchaînement des faits. Il est clair qu'arrivés à ce point, ils doivent amener promptement ou une entente définitive, ou une rupture décidée.

« Votre Majesté a donné tant de preuves de sa sollicitude pour le repos de l'Europe, Elle y a contribué si puissamment par son influence bienfaisante contre l'esprit de désordre, que je ne saurais douter de sa résolution dans l'alternative qui se présente à son choix. Si Votre Majesté désire autant que moi une conclusion pacifique, quoi de plus simple que de déclarer qu'un armistice sera signé aujourd'hui, que les choses reprendront leur cours diplomatique, que toute hostilité cessera et que toutes les forces belligérantes se retireront des lieux où des motifs de guerre les ont appelées?

« Ainsi les troupes russes abandonneraient les Principautés et nos escadres la mer Noire. Votre Majesté préférant traiter directement avec la Turquie, Elle nommerait un ambassadeur, qui négocierait avec un plénipotentiaire du Sultan une convention qui serait soumise à la conférence des quatre puissances. Que Votre Majesté adopte ce plan, sur lequel la Reine d'Angleterre et moi sommes parfaitement d'accord : la tranquillité est rétablie et le monde satisfait. Rien, en effet, dans ce plan, qui ne soit digne de Votre Majesté, rien qui puisse blesser son honneur. Mais si, par un motif difficile à comprendre, Votre Majesté opposait un refus, alors la France, comme l'Angleterre, serait obligée de laisser au sort des armes et aux hasards de la guerre ce qui pourrait être décidé aujourd'hui par la raison et par la justice.

« Que Votre Majesté ne pense pas que la moindre animosité puisse entrer dans mon cœur; il n'éprouve d'autres sentiments que ceux exprimés par Votre Majesté elle-même dans sa lettre du 17 janvier 1853, lorsqu'Elle m'écrivait : « Nos relations doivent être sin- « cèrement amicales, reposer sur les mêmes inten- « tions : maintien de l'ordre, amour de la paix, res- « pect aux traités et bienveillance réciproque. » Ce programme est digne du souverain qui le traçait, et, je n'hésite pas à l'affirmer, j'y suis resté fidèle.

« Je prie Votre Majesté de croire à la sincérité de mes sentiments, et c'est dans ces sentiments que je suis, etc.

« NAPOLÉON. »

# PIÈCES

## ET DOCUMENTS DIPLOMATIQUES

RELATIFS

## A LA QUESTION D'ORIENT.

Les dépêches 1 et 2 traitent des négociations qui eurent lieu à Constantinople vers la fin de l'année 1852 et dans les deux premiers mois de 1853, au sujet des églises de Jérusalem. La France, aux termes des anciens traités, dits *Capitulations de 1740*, pouvait exiger de grands avantages. Mais elle fit valoir ses droits avec une extrême modération,

2

et ne demanda rien qui ne fût compatible avec l'honneur et les intérêts des autres puissances.

## Nᵒˢ 1 et 2.

*Le ministre des affaires étrangères à M. le général de Castelbajac, ministre à Saint-Pétersbourg.*

Paris, le 15 janvier 1853.

Général, la question des Lieux saints de Jérusalem, comme je vous le disais dernièrement, me paraît, au point où elle en est arrivée, devoir être l'objet d'une explication amicale et confiante entre vous et M. le comte de Nesselrode. Livrée plus longtemps au zèle des agents et aux passions locales, cette affaire risquerait de s'envenimer et de compromettre de la façon la plus fâcheuse les relations de la France et de la Russie avec l'Empire Ottoman.

Vous savez, en effet, Général, que, cédant tour à tour à deux courants contraires, la Porte, depuis un an, a rendu, au sujet des prétentions respectives des Latins et des Grecs, des décisions qui s'excluent en quelque sorte les unes les autres, et dont le plus grave inconvénient, à nos yeux, est de placer, sinon en fait, du moins dans l'opinion égarée par les fausses appréciations des journaux, les deux missions de France et de Russie à Constantinople dans une sorte d'antagonisme qui, je me plais à le croire, n'est pas plus dans les intentions du cabinet de Saint-Pétersbourg que dans les nôtres. Je tiens donc à ne pas tarder plus longtemps à déterminer le but que nous voulons atteindre, c'est-à-dire à bien établir la justice et la modération de nos demandes. Un court exposé des faits rendra ma tâche facile.

. . . . . . . . . . . . . . . . . . . . . . . . . . . . . . . . . . . . . . . . . . . . .

(Suit une discussion roulant sur des points de droit et de fait trop complétement éclaircis aujourd'hui, pour qu'il soit nécessaire de la reproduire.)

Le gouvernement de l'Empereur, Général, sans se départir officiellement des droits qu'il a trouvés dans son héritage, a donc compris que, dans les affaires humaines, rien n'était absolu. Il a tenu compte, et grand compte, des circonstances accomplies depuis soixante années; il n'a pas voulu réveiller dans l'empire ottoman, déjà si ébranlé, des passions religieuses qui se fussent infailliblement retournées contre le pouvoir même du sultan; il a tenu également à ne pas froisser les sentiments personnels de S. M. l'empereur Nicolas, chef, dans son pays, d'une religion identique à celle que professent le plus grand nombre des chrétiens en Orient, et ce sont toutes ces considérations qui l'ont décidé sans peine à réduire ses prétentions dans les limites exactes de sa dignité et de ses devoirs.

Autant nous avons mis de modération, de prudence et d'esprit de concorde dans nos négociations avec la Porte, autant je dois vous l'avouer, nous avons été surpris des efforts que la mission de Russie à Constantinople a tentés pour annuler les concessions, cependant bien légères, qui nous ont été faites. Le cabinet de Pétersbourg, en effet, ne saurait méconnaître la validité de nos capitulations sans porter la plus sérieuse atteinte à ses propres traités avec la Turquie, traités autrement avantageux, autrement importants que celui dont nous ne réclamons même pas l'exécution complète. Ce point admis, Général, je ne vois pas sur quoi pourrait se baser une opposition qui attribuerait à nos démarches à Constantinople un caractère qu'il

2.

n'a jamais été dans nos intentions de leur donner. Non-seulement nous n'avons pas voulu entamer, sur ce terrain, une lutte d'influence avec le cabinet de Saint-Péterbourg, mais nous n'avons pas songé, malgré les textes qu'il nous eût été facile d'invoquer, à retirer aux chrétiens du rite grec le droit de jouir des avantages que le temps a consacrés entre leurs mains.

Notre but unique a été de relever la religion catholique d'un état d'infériorité aussi indigne d'elle que de nous. Serait-ce là la cause du mécontentement qu'on éprouve à Saint-Pétersbourg? Je ne saurais l'admettre, après le langage plein de mesure et de convenance que vous a tenu M. le comte de Nesselrode, et qui se trouve consigné dans votre dépêche du 1er avril dernier. Ce serait, en effet, dans notre siècle, un étrange et triste spectacle à donner au monde, que celui d'une lutte entre deux grandes puissances chrétiennes pour une question de primauté religieuse, débattue à Jérusalem même et en présence de l'islamisme. La raison, la dignité, l'intérêt de la religion commandent à la France et à la Russie une autre conduite, et, si le malentendu qui avait pu résulter d'une appréciation erronée de nos démarches avait besoin d'une explication, je me plais à espérer que le cabinet de Pétersbourg, mieux renseigné sur nos actes et nos intentions, n'hésitera pas à rendre hommage à notre modération.

Agréez, etc.

Signé DROUYN DE LHUYS.

*A M. le comte Walewski, ambassadeur à Londres.*

Paris, le 21 février 1853.

Monsieur le comte, la question des Lieux saints tend à sortir, malgré nous, des limites dans lesquelles nous aurions voulu la renfermer, et il importe extrêmement que le cabinet de Londres ne se méprenne pas davantage sur le caractère et le but de nos négociations. Je vous invite donc à communiquer à lord Clarendon la dépêche que j'ai écrite, en date du 15 janvier dernier, à M. le général de Castelbajac, et il lui sera facile de voir que nous n'avons jamais prétendu réclamer pour les pères latins de terre sainte des avantages dont la Russie pût sérieusement s'alarmer.

J'espère également que le nouveau principal secrétaire d'État de Sa Majesté Britannique appréciera la nature conciliante de la démarche que j'ai prescrite au ministre de l'Empereur à Saint-Pétersbourg, et reconnaîtra, quelle que soit son opinion sur l'origine des débats, que nous avons loyalement tenté de l'apaiser. Je regrette de vous dire, Monsieur le comte, que notre ouverture n'a pas produit les résultats que j'en attendais. Ce n'est pas une base de conciliation que nous offre le cabinet de Saint-Pétersbourg ; au moment où, malgré nos exhortations, il envoie M. le prince Menschikoff à Constantinople, ce qu'il nous propose, c'est de souscrire nous-mêmes à des conditions qui replaceraient l'église catholique à Jérusalem dans une situation inférieure et humiliante, et porteraient à notre considération dans le Levant la plus fâcheuse atteinte.

Si nous avions dépossédé les Grecs, si nous avions réclamé et obtenu l'exécution complète des capitulations de 1740, si les concessions qui nous ont été faites étaient, à un degré quelconque, exclusives des avantages dont la religion orientale se trouve en jouissance, nous pourrions sans doute alléguer nos droits; mais nous comprendrions que la Russie poussât au besoin les choses à l'extrême pour défendre des intérêts religieux intimement liés à ses intérêts politiques. Grâce à notre modération, Monsieur le comte, la question n'est pas posée dans de pareils termes, et c'est ce que vous devez vous attacher à faire comprendre à lord Clarendon.

En présence des complications qui peuvent surgir en Orient par suite de la mission de M. le prince Menschikoff, nous ne comprendrions guère, je l'avoue, que, dans une cause aussi juste, aussi modérée que celle que nous soutenons, nous ne dussions pas compter sur l'impartialité des autres cabinets, et que de fausses préventions les empêchassent de reconnaître de quel côté se trouve le droit. J'ajouterai, Monsieur le Comte, que ce droit s'identifie aujourd'hui avec la dignité et l'indépendance de la Porte elle-même, et que, si le gouvernement du Sultan était contraint de subir les exigences auxquelles il est en butte, la France ne serait pas seule à regretter un pareil résultat.

Agréez, etc.

Signé DROUYN DE LHUYS.

L'ambassadeur russe, prince de Menschikoff, ayant tout
à coup posé à Constantinople la question du protectorat et
menacé la Turquie d'une rupture avec la Russie, le colonel Rose, chargé de la chancellerie anglaise, se décide à
appeler l'amiral Dundas. Instruit de cet événement, le
Gouvernement français donne à la flotte de la Méditerranée
l'ordre de partir pour les mers de la Grèce.

## N° 3.

*A M. le comte Walewski.*

Paris, le 19 mars 1853.

Monsieur le Comte, je m'empresse de vous envoyer, pour
votre information, copie de la dépêche que j'ai reçue ce matin
de M. Benedetti sur les événements qui se passent à Constantinople et les circonstances qui ont déterminé le colonel Rose à
appeler la flotte anglaise. Quoique nous ignorions encore si le

Gouvernement de Sa Majesté Britannique approuve la détermination de son agent, et si l'amiral Dundas aura jugé à propos ou
se sera cru libre de se rendre à son invitation sans en référer à
Londres, le Gouvernement de Sa Majesté Impériale a voulu témoigner l'intérêt qu'il porte, dans la crise actuelle, aux destinées de la Turquie, par une démonstration qui n'engage pas
d'ailleurs ses résolutions ultérieures, et qui n'aura, pour le moment, que le caractère d'une mesure de surveillance et de précaution. En conséquence, la flotte de la Méditerranée va recevoir
l'ordre de partir pour les mers de la Grèce.

Agréez, etc.

Signé DROUYN DE LHUIS.

Dès l'origine du conflit, le Gouvernement français s'empresse d'écrire à son ambassadeur à Saint-Pétersbourg. Il rappelle à la Russie que l'Empire Ottoman a été placé, par le traité du 15 juillet 1841, sous la protection de cinq puissances : la France, l'Angleterre, la Prusse, l'Autriche et la Russie. Cette dernière puissance n'a donc pas le droit d'exercer, isolément, une pression sur la Turquie.

## N° 4.

*A M. le Général de Castelbajac.*

Paris, le 21 mars 1853.

Général, les nouvelles de Constantinople ne justifient que trop les appréhensions que je vous exprimais dernièrement au sujet de la mission de M. le prince Menschikoff. L'attitude de

cet ambassadeur indique assez qu'il est moins venu pour négocier que pour poser un *ultimatum*, et la concentration de trois
corps d'armée dans la Russie méridionale, jointe aux préparatifs
extraordinaires qui se font à Sébastopol, ne nous permet plus
de douter que le cabinet de Saint-Pétersbourg n'ait accepté
comme possible l'éventualité d'une guerre avec la Porte.

Le mystère dont il a entouré ses résolutions autorise toutes les
conjectures, et la simple prudence commandait au Gouvernement de Sa Majesté Impériale de surveiller les événements. C'est
dans ce but que notre escadre d'évolutions quitte demain Toulon
pour se rendre dans les mers de Grèce, où elle sera à la disposition de M. de Lacour, dont le départ de Paris aura lieu ce soir
même.

J'espère encore, Général, que le déplacement de nos forces
navales, motivé uniquement, je le répète, par l'étonnement
que nous a causé la démonstration soudaine et menaçante de
la Russie, n'aura pas pour effet de compliquer une crise que
nous avions loyalement tenté de conjurer; mais ni l'empereur
Nicolas ni M. le comte de Nesselrode ne peuvent méconnaître les
graves intérêts qui ont mis en éveil notre sollicitude.

Toutes les demandes que M. le prince Menschikoff est chargé
de présenter à la Porte, au nom de son Gouvernement, ne sont
pas encore bien définies; nous savons toutefois que le règlement
de la question des lieux saints est l'objet apparent de sa mission.
La Turquie n'est pas seule en cause dans ce débat; nous y
sommes partie comme elle, et nous devions croire, après les communications récentes échangées entre nous et le cabinet de Saint-
Pétersbourg, que les choses ne prendraient pas une tournure
aussi vive et aussi brusque, et que la Russie n'aurait pas la prétention d'imposer par la menace à un Gouvernement indépen-
dant, la violation de ses engagements vis-à-vis de nous.

A côté, du reste, de cette question spéciale, il s'en élève une
beaucoup plus grave. Depuis 1815 et surtout depuis 1830, un

principe salutaire avait servi de règle aux rapports des grandes puissances. La France, l'Autriche, l'Angleterre, la Prusse et la Russie n'avaient pas entendu, sans doute, aliéner leur liberté d'action; mais, dans toutes les affaires susceptibles d'affecter leurs intérêts généraux et d'entraîner de fâcheuses conséquences pour le maintien de l'équilibre européen, elles avaient pris l'habitude de se concerter et de dénouer, par les efforts de leur diplomatie, des difficultés qui, à une autre époque, n'auraient pu être tranchées que par les armes. C'est ce système qui a préservé la paix du monde au milieu des circonstances les plus critiques, et la France a le droit de le rappeler avec d'autant plus d'autorité, qu'en 1840, à l'époque du traité du 15 juillet, les autres puissances, dans une question relative à l'Orient, n'ont pas hésité à s'unir pour la ramener dans le cercle d'une action et d'une politique communes à l'égard de la Turquie.

En 1841, enfin, les cinq grandes puissances ont signé une convention qui rétablissait leur concert, et dont l'esprit ne saurait être méconnu. Les cabinets avaient été frappés des dangers que leur divergence avait failli entraîner, et l'acte auquel ils ont tous concouru, le 13 juillet, signifiait, au moment de sa conclusion, que le *statu quo* en Orient se trouvait placé sous la garantie la plus puissante qui ait jamais été donnée à un État faible, et dont la dissolution, provoquée par des moyens violents, serait la cause d'une perturbation générale. La mission de M. le prince Menschikoff, à raison des circonstances qui l'accompagnent, semble s'écarter complétement de l'esprit de cette importante transaction.

Il est à craindre, en effet, que le cabinet de Saint-Pétersbourg ne soit résolu à exercer sur la Porte une pression qui lui fera perdre, si elle y cède, le peu de prestige qui lui reste, ou l'exposera, si elle tente d'y résister, à d'incalculables dangers. Et ce n'est pas après avoir mis ses alliés, comme en 1826, en mesure de juger de l'étendue et de la légitimité de ses griefs, que la

Russie a pris vis-à-vis du gouvernement ottoman une attitude si voisine de l'hostilité; c'est dans le plus profond mystère que ses préparatifs ont été accomplis; c'est à l'improviste qu'elle a agi, et sans que l'Europe ait pu seulement prévoir le coup qui la menace.

Une telle situation, Général, ne saurait se prolonger sans compromettre tous les intérêts sur lesquels repose la paix de l'Europe, et il nous importe extrêmement de déchirer tous les voiles qui la couvrent encore. Veuillez donc, en donnant à M. le comte de Nesselrode lecture de cette dépêche, lui demander si le cabinet de Saint-Pétersbourg, répudiant le principe qui a dominé depuis trente ans les rapports des grandes puissances entre elles, entend se rendre à lui seul l'arbitre des destinées de la Turquie, et si à cette politique de concert à laquelle le monde a dû son repos, la Russie veut substituer une politique d'isolement et de prépotence qui contraindrait les autres cabinets, dans la crise qui se prépare, à ne consulter aussi que leurs intérêts propres, et à n'obéir qu'à leurs vues particulières.

Agréez, etc.

Signé DROUYN DE LHUYS.

La mission du prince Menschikoff, les menaces qu'il fait entendre, la concentration de trois corps d'armée russes sur les bords du Pruth, annoncent assez quelles sont les résolutions du Czar. Le Gouvernement français explique à l'Angleterre que ces préparatifs de guerre sont suffisants pour motiver la présence de la flotte française dans les mers de Grèce, afin qu'elle soit sur la même ligne que l'escadre anglaise dans les eaux de Malte.

## N° 5.

*A M. le comte Walewski.*

Paris, le 23 mars 1853.

Monsieur le comte, depuis plusieurs mois vous avez dû appeler trop souvent l'attention de lord Malmesbury, de lord John Russell et de lord Clarendon, sur la nature et la portée de nos appréhensions, pour ne pas vous trouver en mesure d'apprécier complétement les motifs de l'envoi de notre escadre dans les mers de Grèce.

Nous ne nous exagérons pas la situation, nous la voyons telle qu'elle est. La mission de M. le prince Menschikoff à Constantinople serait déjà par elle-même un fait grave; mais la réunion de trois corps d'armée dans la Russie méridionale et les préparatifs qui se font à Sébastopol indiquent que si l'empereur Nicolas espère intimider la Porte, il accepte cependant aussi l'éventualité d'une guerre avec elle. Si loyales et si pacifiques même que soient ses intentions, il prévoit la possibilité d'une lutte matérielle et prend ses mesures en conséquence. Nous aussi, Monsieur le comte, nous désirons sincèrement le maintien de la paix, nous espérons même que cet orage passera; mais enfin, il peut se faire qu'il éclate, et la plus simple prudence nous commandait de prendre aussi nos mesures et d'imiter l'exemple qu'on nous donnait. Le mouvement de notre escadre ne signifie rien de moins, rien de plus.

Quand, d'ailleurs, ce mouvement s'opère-t-il? C'est au moment où la Porte, effrayée du péril qui la menace, tourne ses yeux vers ses alliés naturels et lorsqu'un agent étranger, M. le colonel Rose, vieilli dans les affaires du Levant, considère lui-même les conjonctures comme assez pressantes pour appeler l'escadre anglaise et informer notre chargé d'affaires de sa résolution dans les termes que vous connaissez. M. le colonel Rose savait assurément que l'affaire des Lieux saints se trouvait au nombre de celles que M. le prince Menschikoff était chargé de traiter. Son opinion au sujet des négociations suivies par M. le marquis de La Valette est assez notoire pour que personne puisse penser qu'il ait voulu soutenir la Porte dans les difficultés nées seulement de cette question. C'est l'ensemble de la situation qui l'a ému; il a vu dans l'attitude de la Russie, quel que fût son prétexte, une atteinte sérieuse portée à l'indépendance de l'Empire Ottoman. Notre appréciation, Monsieur le comte, est absolument la même.

Notre démonstration, au surplus, n'a, pour le moment, d'autre but que de placer notre escadre à peu près sur la même ligne d'observation que l'escadre anglaise. Dès que cette flotte se trouvait à Malte, approvisionnée de vivres pour six mois, nous devions croire que la prévoyance du Gouvernement de Sa Majesté Britannique était en éveil; nous nous en félicitions sincèrement, nous nous en félicitons encore, parce que nous espérons fermement que, si la situation s'aggrave, les deux cabinets, grâce à la présence de leurs forces navales dans les mers du Levant, pourront pourvoir simultanément à toutes les nécessités.

Ce qu'il importe, à mon avis, Monsieur le comte, c'est que personne en Europe ne soit autorisé à penser que, s'il éclatait à Constantinople une crise capable de compromettre l'existence de l'Empire Ottoman, la France et l'Angleterre prendraient une attitude différente. Rien ne serait plus fatal qu'un tel soupçon. Je ne sais si nos flottes arriveront ou trop tard ou trop tôt, mais il me paraît essentiel que l'on redoute toujours de les voir arriver ensemble, et c'est pour que la nôtre, quand celle de l'Angleterre est déjà à Malte, ne reste pas en arrière, que nous l'envoyons mouiller dans les eaux de Salamine.

Agréez, etc.

Signé DROUYN DE L'HUYS.

Dépêche très-importante adressée à l'ambassadeur français à Constantinople, dans laquelle sont prévues et résolues toutes les hypothèses que la question d'Orient présentait au mois de mars 1853. La France se fait toujours remarquer par la prudence et la modération de ses vues.

## N° 6.

*A M. de Lacour, ambassadeur à Constantinople.*

Paris, le 22 mars 1853.

Monsieur, je reviendrai plus tard sur les différents points que vous aurez à traiter pendant le cours de votre mission ; je ne me propose aujourd'hui que de vous tracer des instructions pour régler votre attitude et votre langage dans la crise que traverse l'Empire Ottoman.

Alliée fidèle de la Turquie, engagée par ses traditions non moins que par ses intérêts à la soutenir et à la préserver d'une catastrophe, la France veut loyalement lui venir en aide. C'est dans ce but, Monsieur, que l'Empereur a donné à notre escadre d'évolutions l'ordre de se rendre dans les mers de Grèce. J'espère encore que cette démonstration n'aura que le caractère d'une mesure de précaution et de surveillance; mais il était essentiel que nos forces navales se rapprochassent du théâtre des événements, afin que personne ne pût douter de notre sollicitude pour les destinées de l'Empire Ottoman.

Il me faut, toutefois, prévoir le cas où la gravité et l'imminence des conjonctures qui peuvent surgir à Constantinople détermineraient la Porte à invoquer notre appui. M. l'amiral de la Susse devrait alors obtempérer à vos réquisitions, et je ne puis trop vous recommander d'aviser, de concert avec lui, aux moyens de faciliter vos communications avec l'escadre.

Tant que le Divan ne sera en butte qu'à une pression morale, vous vous bornerez à soutenir son courage, tout en le maintenant, autant que possible, dans les voies de la prudence et en l'éclairant de vos conseils. Si M. le prince Menschikoff, au contraire, rompait les négociations entamées ou recourait à des moyens coërcitifs pour les rendre plus efficaces, vous auriez d'autres devoirs à remplir.

Trois hypothèses sont admissibles; je vais les passer en revue tour à tour et vous indiquer la conduite que vous auriez à tenir en face de chacune d'elles.

1° Il se peut que la Russie commence par occuper les principautés de Moldavie et de Valachie. Si grave que fût cette atteinte à l'intégrité de l'Empire Ottoman, elle ne serait malheureusement pas nouvelle. Vous attendriez donc que la Porte, considérant la Russie comme en état de guerre avec elle, vous adressât d'elle-même, et sans excitation de votre part, une demande d'intervention, et vous seriez alors autorisé à faire entrer l'escadre dans le détroit des Dardanelles; mais, quand même une telle demande n'arriverait pas à se produire, la situation n'en exigerait pas moins une surveillance plus active, et vous devriez inviter M. l'amiral de la Susse à venir mouiller, soit aux îles d'Ourlac, soit dans le golfe d'Enos. Cette dernière position est d'une grande importance stratégique, et son occupation par nos forces navales détournerait peut-être la Russie de l'idée de faire une démonstration contre Varna ou Bourgas.

2° Si cependant la flotte de Sébastopol se mettait en mouvement, et si, en même temps que l'armée russe entrerait dans les provinces du Danube, elle se rapprochait du littoral ottoman de la mer Noire, ou faisait, seule, acte d'hostilité, il n'y aurait plus de doute à conserver, la guerre serait commencée, et le sultan dégagé *ipso facto* du traité du 13 juillet 1841. Le moment serait venu pour notre escadre de franchir les Dardanelles, et vous n'hésiteriez pas à l'appeler au delà des châteaux, si la Porte adhérait à cette combinaison. Il faudrait, toutefois, qu'elle vous fît, à cet égard, une demande formelle et écrite; et, si Rifaat-Pacha, ce que je ne suppose pas, ne prenait pas l'initiative, vous ne manqueriez pas de l'engager à adresser une demande semblable à l'ambassade de Sa Majesté Britannique.

Vous auriez soin, en tout cas, d'informer de votre résolution, soit M. le colonel Rose, soit lord Stratford de Redcliffe, et de leur dire que la France, uniquement mue par l'intérêt général qui s'attache au maintien de l'Empire Ottoman, et ne poursuivant aucun but particulier, regretterait vivement que l'Angleterre ne s'associât point à ses efforts. Si la Porte voulait nous faire participer à la garde même des châteaux, c'est-à-dire autoriser un débarquement, vous expliqueriez bien à M. l'amiral de la Susse qu'il devrait, dans le cas où M. l'amiral Dundas se présenterait aussi aux Dardanelles, s'entendre avec lui pour que cette occupation, destinée à cesser aussitôt que les circonstances ne la rendraient plus nécessaire, fût faite en commun par les forces françaises et anglaises. La combinaison la plus simple serait celle qui attribuerait à chaque escadre la défense de l'une des côtes.

3° Les événements, enfin, peuvent prendre une tournure plus décisive; la flotte russe, en un mot, peut vouloir menacer et forcer le Bosphore. Si les choses en arrivaient à cette extrémité, vous devriez, sur une nouvelle et pressante demande de la Porte, engager M. l'amiral de la Susse, lorsqu'il aurait garni les châteaux des Dardanelles de forces suffisantes pour assurer son retour, à se rapprocher de Constantinople et à prêter aux Turcs, outre l'appui matériel de son escadre, celui de son expérience militaire.

Il entrerait alors dans la plénitude de son action, et vous n'auriez plus à intervenir dans ses opérations que pour fixer le moment où il vous semblerait nécessaire qu'il quittât le Bosphore. Je n'ai pas besoin de vous dire, Monsieur, que le Gouvernement de Sa Majesté Impériale repousse de toutes ses forces l'idée que la mission de M. le prince Menschikoff puisse se dénouer d'une façon aussi fatale; mais je devais vous mettre en mesure de n'être pris au dépourvu par aucun événement. Il me paraîtrait, au surplus, impossible que, dans une pareille hypothèse, où il s'agirait de l'existence ou de la chute de l'Empire Ottoman, la marine anglaise ne fût pas appelée à faire son devoir à côté de la marine française, et vous auriez soin, si la situation prenait un aspect aussi menaçant, de ne pas cacher à l'ambassade de Sa Majesté Britannique les pouvoirs extrêmes qui vous sont confiés.

Ces graves résolutions, Monsieur, n'ont été inspirée au Gouvernement de Sa Majesté Impériale que par l'intérêt général de l'Europe à empêcher une dissolution violente de l'Empire Otto-

3.

man. Mes instructions s'appliquent donc à toutes les circonstances qui vous paraîtraient assez caractérisées pour mettre en
danger l'existence de la Turquie.

Agréez, etc.

Signé DROUYN DE LHUYS.

L'Autriche apparaît dans la série de ces documents. Cette puissance est d'avis, comme le Gouvernement français, de porter la question d'Orient devant des conférences formées par les *cinq puissances*. *Un* ou *deux* cabinets n'ont pas le droit, dit-elle par la bouche de son ministre, M. de Buol, de régler isolément des intérêts susceptibles d'affecter l'Europe entière.

## N° 7.

*A M. le baron de Bourqueney, ministre à Vienne.*

Paris, le 12 avril 1853.

Monsieur le Baron, j'ai placé sous les yeux de Sa Majesté Impériale la dépêche dans laquelle vous me rendez compte de l'audience que vous a accordée l'empereur d'Autriche pour la remise de vos lettres de créance. Les sentiments qui vous ont été exprimés à cette occasion, et la confiance qui a présidé à vos premiers entretiens avec M. le comte de Buol, me font fermement espérer que vos rapports avec le cabinet de Vienne seront tels que nous pouvions le souhaiter, et que toutes les questions d'un intérêt général seront débattues entre les deux Gouvernements avec une entière franchise et un égal désir de s'entendre.

J'ai été particulièrement frappé de la netteté des déclarations de M. de Buol au sujet des affaires d'Orient, et je m'associe, sans hésiter, au programme de conduite qu'il s'est tracé pour lui-même, et qui est une nouvelle et importante consécration des principes auxquels le monde a dû la paix au milieu des conjonctures les plus graves. Les derniers rapports que j'ai reçus de Constantinople ne jettent pas, au surplus, une grande lumière sur la situation, et il faut attendre, pour pénétrer le véritable but de la mission de M. le prince Menschikoff, que M. de Lacour, M. de Bruck et lord Stratford aient pris possession de leurs postes. Quoique l'objet apparent des négociations de l'ambassadeur de Russie soit toujours la question des Lieux saints, on paraît croire généralement à Constantinople que ses efforts tendront aussi à placer la Porte dans des conditions de dépendance au prix desquelles on consentirait à laisser vivre l'Empire Ottoman.

Quoi qu'il en soit de ces suppositions, il est évident que le cabinet de Saint-Pétersbourg, tout en protestant de son désir de prolonger le *statu quo* en Orient, ne paraît pas croire beaucoup à sa durée, et se tient prêt à tout événement. Cette attitude mérite la plus sérieuse attention, et, si elle se dessinait davantage, il deviendrait peut-être nécessaire que les grandes puissances s'expliquassent avec la Russie dans le sens indiqué par M. le comte de Buol lui-même, c'est-à-dire qu'il fût bien entendu, pour me servir des expressions que vous m'avez rapportées, que tout devrait être traité à *cinq*, et qu'il n'appartiendrait ni à *un* ni à *deux* cabinets de régler, isolément ou à part, des intérêts susceptibles d'affecter l'Europe entière.

Recevez, etc.

Signé DROUYN DE LHUYS.

Cette dépêche constate un fait très-important et qui prouve le peu de bonne foi de la Russie ; au moment même où son ambassadeur posait un *ultimatum* à la Turquie et la menaçait d'une rupture ; au moment encore où la Russie prenait ses dispositions pour entrer en campagne, elle protestait, à Saint-Pétersbourg, à Berlin. de ses intentions pacifiques, et déclarait qu'elle regardait le différend comme terminé.

## N° 8.

*A M. le baron de Bourqueney.*

Paris, le 26 mai 1853.

Monsieur le Baron, je me plais à croire que le développement de la situation à Constantinople, en éclairant M. le comte de Buol sur sa gravité, l'aura entretenu dans des dispositions qu'il vous a déjà manifestées, et qui nous permettent d'espérer que le cabinet de Vienne emploiera comme nous ses loyaux efforts à prévenir l'atteinte que les prétentions de la Russie, poussées jusqu'au bout, pourraient porter, non-seulement à l'indépendance de la Turquie, mais à l'équilibre européen. L'opinion unanime et nettement formulée des grandes puissances est seule capable d'arrêter le cabinet de Saint-Pétersbourg dans la voie où il n'y a plus à douter qu'il ne soit à la veille d'entrer.

Une dépêche télégraphique de M. de Lacour, datée du 19 de ce mois, m'annonce que M. le prince Menschikoff, sur un nouveau refus du Divan d'adhérer à ses propositions dans la forme où il les avait présentées, a rompu ses relations diplomatiques. Il avait, toutefois, le matin même, écrit à Reschid-Pacha une lettre particulière qui laissait espérer que les négociations n'étaient pas encore entièrement fermées.

D'un autre côté, il est vrai, les rapports que je reçois de Bucharest et de Jassy prouvent que la Russie se dispose à entrer en campagne. Rapprochée de ses déclarations les plus récentes, l'attitude du cabinet de Saint-Pétersbourg est incompréhensible.

En effet, le 8 mai, M. le comte de Nesselrode écrivait, en propres termes, à M. le marquis de Castelbajac : « Pour vous « prouver que je suis homme de parole, je m'empresse de vous « dire que je viens de recevoir de bonnes nouvelles de Constan- « tinople : l'entente sur les détails entre M. le prince Menschikoff « et M. de Lacour se trouve établie. Notre ambassadeur annonce « son retour. »

Le 14 mai, comme je l'ai appris par lord Cowley, sir H. Seymour écrivait à son gouvernement que le chancelier lui avait dit que toutes les questions que M. le prince Menschikoff avait à régler à Constantinople étaient terminées; que l'on faisait, il est vrai, quelques objections à tout finir par une convention, et que l'on préférait recourir à des firmans, mais que ce n'était pas là une difficulté, puisque le prince avait toute latitude pour se montrer conciliant.

A la même date (14 mai), M. le chargé d'affaires de Saxe quittait Saint-Pétersbourg, et M. de Nesselrode lui disait : « Je « puis vous donner l'assurance que tout est terminé à Constan- « tinople, et que M. le prince Menschikoff va revenir. »

Le 18 mai, enfin, notre chargé d'affaires à Berlin appre- nait, de la bouche de M. de Manteuffel, que M. de Budberg avait reçu une lettre autographe de M. le comte de Nesselrode, lui annonçant que le concours de notre ambassadeur à Cons- tantinople avait facilité l'heureuse solution de la question des Lieux saints.

Comment concilier tous ces témoignages avec l'attitude prise en dernier lieu par M. le prince Menschikoff? Comment croire que cet envoyé ait assumé la responsabilité de poser, sans un ordre formel de sa cour, un *ultimatum* à la Porte? Comment supposer, d'autre part, que, connaissant l'existence d'un pareil ordre, M. le comte de Nesselrode ait donné à tout le monde l'assurance qu'aucune difficulté n'était plus à craindre, assu- rance qui forme un si étrange et si brusque contraste avec la réalité des faits et la gravité des appréhensions qu'ils inspirent? J'attends avec impatience que M. le général de Castelbajac m'envoie la clef de ces contradictions.

Recevez, etc.

Signé DROUYN DE LHUYS.

Union de plus en plus intime de la France et de l'Angleterre pour faire respecter le traité du 13 juillet 1841,
garantissant l'intégrité de la Turquie. La France propose à
l'Angleterre d'ouvrir une Conférence avec la Prusse et l'Autriche.

## N° 9.

*A M. le comte Walewski.*

Paris, le 31 mai 1853.

Monsieur le Comte, le langage que vous a tenu lord Clarendon, l'attitude qu'il a prise devant la chambre des lords et celle
de lord John Russell devant la chambre des communes, les
tendances enfin de l'opinion publique, si nettement manifestées
par ses principaux organes, établissent que, dans la crise provoquée en Orient par le cabinet de Saint-Pétersbourg, le gou-

vernement de Sa Majesté Britannique désire s'entendre avec le gouvernement de Sa Majesté Impériale pour conjurer les périls qu'une agression violente, dirigée contre l'Empire Ottoman, ferait courir à l'équilibre européen et, en particulier, aux intérêts communs de la France et de l'Angleterre dans le bassin de Méditerranée.

Toute ma correspondance depuis quelques mois, Monsieur le Comte, n'a eu pour but que de signaler ces dangers et de préparer les voies à cet accord. Le cabinet de Londres n'a donc pu jamais douter de notre concours pour faire respecter l'esprit du traité du 13 juillet 1841, et pour rappeler, s'il le fallait, au cabinet de Saint-Pétersbourg que l'Empire Ottoman, placé par cette transaction sous une garantie collective, ne saurait, sans une grave perturbation des rapports existant aujourd'hui entre les grandes puissances de l'Europe, être, de la part de l'une d'elles, l'objet d'une attaque isolée et aussi peu justifiée, surtout, que celle dont les apparences semblent le menacer.

Mais, comme je vous l'ai déjà dit plusieurs fois, Monsieur le Comte, à côté des négociations diplomatiques, il y avait une autre action à exercer, et c'est l'attitude du cabinet de Saint-Pétersbourg lui-même qui nous en faisait sentir la nécessité. Lorsque nous savions que l'armée cantonnée dans le sud de la Russie était sur le pied de guerre, approvisionnée comme à la veille d'une entrée en campagne; quand la flotte de Sébastopol était prête à lever l'ancre, quand il se faisait des achats considérables de bois destinés à jeter des ponts sur le Pruth et le Danube; si tout cela ne voulait pas dire que les hostilités fussent déclarées, cela indiquait du moins qu'elles pouvaient être prochaines, et que leur ouverture ne dépendait que d'un mot. Qui nous garantissait que, sous l'influence d'un premier mouvement, ce mot ne serait pas prononcé à Saint-Pétersbourg, et, s'il l'eût été, que la ville de Constantinople se fût trouvée à l'abri d'un coup de main? C'était un danger de cette nature que nous redoutions, et comme, s'il se réalisait, la partie serait perdue dès le début, la prudence nous imposait le devoir de tout faire. pour le prévenir.

En quoi une pareille mesure de prévoyance ressemblait-elle plus à une provocation que les armements de la Russie elle-même? Comment la France et l'Angleterre, dans le but de maintenir le traité de 1841, n'auraient-elles pas eu le droit de faire ce que l'une des puissances signataires de cette convention faisait dans des desseins si différents?

Telles sont les considérations qui nous déterminèrent à envoyer notre flotte à Salamine et qui nous conseillent aujourd'hui de la rapprocher encore des Dardanelles, non pour prendre l'initiative d'une aggression, non pour encourager la Turquie à se refuser à tout accommodement, mais afin de la couvrir contre un danger immédiat et de réserver, au besoin, à la diplomatie des ressources qu'elle n'aurait plus, si elle avait à lutter contre des faits accomplis.

Quant aux démarches que lord Clarendon nous propose de faire à Saint-Pétersbourg, ce qui s'est déjà passé à Constantinople, lorsque le ministre de Prusse et le chargé d'affaires d'Autriche se sont joints aux ambassadeurs de France et d'Angleterre pour essayer de faire fléchir les résolutions de M. le prince Menschikoff, nous indique la ligne que nous avons à suivre. L'autorité de nos représentants sera plus grande, si elle s'augmente de celle des représentations des cabinets de Vienne et de Berlin; si, sur le terrain diplomatique, tout au moins, il s'établit entre les grandes puissances un concert pour déclarer que l'esprit de l'importante transaction à laquelle elles ont pris part, aussi bien que la Russie, en 1841, s'oppose à ce que les affaires d'Orient soient traitées autrement qu'en commun et dans des conférences où tous les intérêts seraient examinés et débattus.

Bien loin de douter que la Prusse et l'Autriche, tant que

l'espoir d'un arrangement ne sera pas perdu, veuillent se séparer de la France et de l'Angleterre, ce que nous connaissons de leurs dispositions nous autorise à croire, au contraire, qu'elles sentent, comme nous, le danger ; et les convenances autant que la politique nous conseillent de ne rien faire sans elles. C'est en laissant à la question d'Orient son véritable caractère, son caractère européen, que nous avons le plus de chances de la régler, sans risque sérieux pour le maintien de la paix.

Le traité de 1841, Monsieur le Comte, sur la portée duquel tout le monde est aujourd'hui d'accord, et vous vous rappelez qu'à cet égard l'opinion du gouvernement de Sa Majesté Impériale s'est produite il y a déjà longtemps, doit nous servir, si je puis ainsi parler, de base d'opérations. Toutes les puissances qui l'ont signé ont qualité pour l'invoquer, et ce serait, à mon avis, commettre une faute et affaiblir l'effet de nos démarches (sauf à faire connaître dès à présent nos impressions particulières), que de ne pas les combiner avec les cabinets de Berlin et de Vienne, quand tout nous indique qu'ils accueilleront nos ouvertures.

Agréez, etc.

Signé DROUYN DE LHUYS.

La Russie a démasqué ses projets. Elle approuve les violences du prince de Menschikoff; ses armées se mettent en marche. Le Gouvernement français, continuant à faire preuve de la plus grande modération, fait savoir à son ambassadeur, M. de Lacour, qu'il veut laisser à la Russie toute la responsabilité d'une première agression.

## N° 10.

*A M. de Lacour.*

Paris, le 3 juin 1853.

Monsieur, la dépêche télégraphique que j'ai eu l'honneur de vous écrire par la voie de Vienne vous a annoncé sommairement l'approbation donnée par le cabinet de Saint-Péterbourg à l'attitude de M. le prince Menschikoff, ainsi que la mise en marche du quatrième corps de l'armée active cantonnée en Pologne, avec ordre de se trouver, pour le 10 de ce mois, sur les frontières de Moldavie. Ces nouvelles ont gravement ému le Gouvernement de Sa Majesté Britannique, et, ne se bornant plus à placer l'escadre à la disposition de lord Stratford, il a décidé hier que M. l'amiral Dundas se rapprocherait, sans plus de délai, des Dardanelles. Un courrier porte aujourd'hui à cet officier général les instructions de l'amirauté, et doit continuer sa route jusqu'à Constantinople pour informer lord Stratford des résolutions de son Gouvernement.

M. l'ambassadeur d'Angleterre, si l'indépendance de la Turquie est menacée, devra tout faire pour la protéger. Les nouvelles instructions de lord Stratford sont, comme vous le voyez, absolument analogues à celles que vous avez reçues vous-même au moment de votre départ, et il pourra s'établir entre vous une identité de vues et d'action qui, si vos efforts communs ne parvenaient pas à empêcher les affaires de s'aggraver davantage, servirait à couvrir Constantinople contre un danger immédiat, et à fournir à la France et à l'Angleterre des gages à opposer à ceux dont la Russie se serait emparée.

Je n'ai pas besoin de vous dire, Monsieur, qu'il est essentiel au plus haut point, dans de si graves conjonctures, de laisser au cabinet de Saint-Pétersbourg toute la responsabilité d'une première agression. Ce n'est que dans ce cas que l'appui que nous sommes résolus à prêter à la Porte sera légitime et efficace. En effet, nous nous présenterons alors comme les défenseurs du traité de 1841, violé dans son esprit, et comme les soutiens de l'équilibre de l'Europe, menacé par la puissance qui semblait plus que les autres avoir la prétention de s'en constituer la gardienne. La cause pour laquelle nous nous serons armés sera la cause de tout le monde; l'opinion publique et les cabinets seront de notre côté.

Agréez, etc.

Signé DROUYN DE LHUYS.

————

4

L'Angleterre met la flotte de l'amiral Dundas à la disposition de son ambassadeur, lord Stratford; la flotte française est aux ordres de M. de Lacour. Les deux puissances puisent leur droit dans le traité de 1841 ; elles ne franchiront les Dardanelles que lorsque la Russie aura commencé les hostilités contre la Turquie. Elles ne cesseront pas d'ailleurs de faire tous leurs efforts, jusqu'au dernier moment, pour concilier les prétentions de la Russie avec les droits de souveraineté de la Porte.

## N° 11.

*A M. le comte Walewski.*

Paris, le 5 juin 1853.

Monsieur le Comte, j'ai placé sous les yeux de l'Empereur la dépêche où vous m'annoncez que l'escadre commandée par

M. l'amiral Dundas est mise à l'entière disposition de lord Straf-
ford. Sa Majesté Impériale se félicite de la complète harmonie
qui existe entre son propre Gouvernement et celui de S. M. Britannique, et elle espère que son effet sera d'empêcher les complications qui pourraient surgir en Orient et menacer sérieusement la paix générale.

Dès le début de la mission de M. le prince Menschikoff, nous
avions conçu des inquiétudes sur son résultat; mais nous étions
certains que, du moment où le Gouvernement de S. M. Britannique partagerait nos appréhensions, des intérêts communs et
un désir égal de maintenir l'intégrité et l'indépendance de l'Empire Ottoman dans leurs conditions actuelles devaient réunir
vers le même but les efforts de la France et de l'Angleterre.
C'est dans cette confiance, si pleinement justifiée, que j'avais,
d'après les ordres de l'Empereur, rédigé les instructions de M. de
Lacour, et qu'en lui donnant, à la date du 22 mars, l'autorisa-
tion d'appeler l'escadre française aux Dardanelles, je lui recom-
mandais, si cette grande mesure lui paraissait nécessaire, de
s'entendre avec lord Stratford pour combiner, autant que possible, les mouvements de nos forces navales avec ceux de la
flotte anglaise.

L'ambassadeur de Sa Majesté Impériale, Monsieur le Comte,
se trouve donc déjà muni de toutes les directions dont il a besoin pour prendre une attitude absolument semblable à celle de
l'ambassadeur de Sa Majesté Britannique, et M. l'amiral de la
Susse recevra en même temps que M. l'amiral Dundas l'ordre
d'appareiller pour les Dardanelles et de mouiller dans la baie
de Besika. *Le Chaptal,* qui lui porte cet ordre, a quitté Toulon
hier, et, de cette façon, les deux escadres arriveront ensemble à
leur destination. Nous ne pouvions mieux constater l'accord des
deux Gouvernements, et nous espérons fermement qu'une telle
démonstration, autorisée par les armements de la Russie elle-
même, suffira pour donner à la diplomatie le temps de préve-

4.

nir une rupture plus complète entre le cabinet de Saint-Pétersbourg et la Porte Ottomane.

C'est dans le traité de 1841 que nous puisons notre droit; il
ne saurait dès lors être dans nos intentions de ne pas l'observer
fidèlement, tant qu'aucun acte agressif n'aura pas mis la Turquie dans le cas d'une légitime défense. Nous attendrons donc,
pour franchir les Dardanelles, que la Russie ait commencé les
hostilités par terre ou par mer contre l'Empire Ottoman, et que
la Porte, en nous adressant une demande d'appui, nous ait
déclaré qu'elle se considère comme en état de guerre. Ce jour-là,
Monsieur le Comte, le traité de 1841 sera méconnu par l'une
des parties contractantes, et, en vertu de l'esprit qui l'a dicté,
à raison des immenses intérêts qui font du maintien de la Turquie une nécessité d'équilibre européen, nous prêterons à cette
puissance tout le concours qu'elle réclamera de nous.

Il est bien entendu, d'ailleurs, Monsieur le Comte, que no-
nobstant les circonstances qui peuvent survenir, nous ne cesserons de faire, à tous moments, de loyaux efforts pour concilier
les prétentions de la Russie avec les droits de souveraineté de
la Porte. A notre sens, le meilleur moyen d'y parvenir consiste,
comme je vous le disais dernièrement, à encourager le Sultan
à relever sans cesse la condition des chrétiens soumis à son
sceptre, et à fondre ensemble, autant que possible, toutes les
populations de son empire; et, pour que cette œuvre soit efficace
et durable, nous croyons qu'il faut que l'honneur en revienne
au Gouvernement Ottoman lui-même, sans qu'une puissance
étrangère soit admise à stipuler seule au profit d'une classe des
sujets du Grand-Seigneur, à quelque intérêt que ces stipulations
doivent se rapporter.

Si, comme je n'en doute pas, les intentions du Gouvernement
de Sa Majesté Britannique, sur les points que je viens d'indiquer, sont conformes à celles qui animent le Gouvernement de
Sa Majesté Impériale, je vous prie de transmettre officiellement

à lord Clarendon une copie de cette dépêche. Votre communication et la réponse que le principal secrétaire d'État de Sa
Majesté Britannique vous adressera ou me fera remettre par
lord Cowley constateront l'union de la France et de l'Angleterre
dans un but qui ne saurait exciter les alarmes d'aucune puissance,
puisque les Gouvernements qui ont signé la convention du
13 juillet 1841 demeureront libres de s'associer à nous dans la
forme et selon les moyens qu'il leur conviendra d'employer.

Agréez, etc.

Signé DROUYN DE LHUYS.

La France insiste auprès de l'Autriche pour que les
quatre puissances, armées du traité de 1841, s'interposent
entre la Russie et la Turquie. L'union de l'Angleterre, de
la France, de la Prusse et de l'Autriche assurerait le maintien de la paix, et c'est le maintien de la paix que recherche
le Gouvernement de Napoléon III.

## N° 12.

*A M. le baron de Bourqueney.*

Paris, le 10 juin 1853.

Monsieur le Baron, vos premiers entretiens avec M. le comte
de Buol et les explications dans lesquelles M. de Hübner est en-

tré avec moi sur les affaires d'Orient m'ont donné lieu de croire que l'Autriche considérait le maintien de l'équilibre européen comme intimement lié à la conservation de l'Empire Ottoman, et qu'elle s'unirait à ses alliés, signataires du traité du 13 juillet 1841, afin d'opposer aux prétentions définitives de la Russie, dans le cas où elles porteraient atteinte à l'indépendance et à l'intégrité de la Turquie, les effets de la garantie collective dont les grandes puissances avaient senti le besoin d'entourer un intérêt d'une importance égale pour elles toutes.

La cour de Vienne, en un mot, ne semblait attendre, pour dessiner son attitude, que le jugement du cabinet de Saint-Pétersbourg sur des circonstances qu'elle se plaisait à n'attribuer qu'à l'initiative trop ardente de M. le prince Menschikoff. Cet espoir, Monsieur le Baron, que nous aurions voulu partager, n'est plus aujourd'hui permis à personne, et le moment est venu pour tout le monde de se tracer, par hypothèse, une ligne de conduite. La dépêche que j'ai écrite, en date du 5 de ce mois, à M. le comte Walewski, avec ordre d'en remettre officiellement copie à lord Clarendon, et celle du principal secrétaire d'État, que m'a communiquée hier lord Cowley, vous indiqueront nettement la marche que les Gouvernements de France et d'Angleterre ont jugé nécessaire de suivre en commun. J'ai l'honneur de vous envoyer ci-joint le texte de ces deux documents, et je vous autorise à en donner lecture à M. le comte de Buol.

Du moment où ce ministre vous a déjà déclaré que l'action isolée était permise, il reconnaîtra la légitimité des résolutions auxquelles les cabinets des Tuileries et de Londres se sont arrêtés; mais qu'il s'agisse d'une action simplement combinée à deux, ce qui serait contraire à nos vœux et aux véritables intérêts de l'Europe, ou d'une action combinée à quatre, et qui assurerait le maintien de la paix, M. le comte de Buol ne saurait contester que, dans l'un ou l'autre cas, ce ne soit le traité de 1841 qui règle la politique des grandes puissances dans leurs rapports avec l'Empire Ottoman. Or, ce traité, Monsieur le Baron, ne se borne pas à concéder une permission dont chacun puisse user à son gré et à son heure. Ou il ne signifie rien, ou il impose des obligations solidaires à tous ceux qui l'ont signé, et ces obligations se résument dans des efforts identiques, moraux ou matériels, pour sauvegarder l'existence de l'Empire Ottoman.

L'Autriche a participé, comme l'Angleterre et la France, à cette importante transaction, et il n'est pas douteux que le parti qu'elle prendra ne doive exercer une influence décisive non-seulement sur les événements dont l'Orient serait le théâtre, mais, et c'est beaucoup plus grave, sur le maintien de l'ordre en Europe. Une même attitude de la part des quatre grandes puissances, outre qu'elle rendrait la guerre impossible, ou restreindrait extrêmement le cercle des hostilités, ou amènerait vite le rétablissement de la paix entre la Russie et la Porte. Le cabinet de Saint-Pétersbourg n'assumerait pas sur lui, devant les représentations unanimes de ses alliés, la responsabilité d'une conduite qui jetterait une perturbation si profonde dans ses rapports diplomatiques, et démentirait le rôle si modéré et si sage qu'il a tenu dans un moment où son ambition aurait pu se donner carrière.

Qu'une divergence, au contraire, se remarque, sinon dans les sentiments, qui sont tous affectés d'une façon également pénible, du moins dans leur expression publique; que l'on soit fondé à soupçonner et à faire croire que les grandes puissances refusent de s'unir dans un même but de conservation et de prévoyance, que leurs vœux sont différents, et que les événements, développant toutes leurs conséquences, peuvent les mettre en état d'antagonisme, bientôt l'esprit révolutionnaire essayera de pénétrer dans la brèche et de spéculer sur un désaccord qui est aujourd'hui son dernier espoir et son unique chance de suc-

cès. Il est impossible que cette considération ne soit pas appréciée à Vienne à toute sa valeur, et que l'on n'y voie point une
raison de plus pour les puissances continentales de marcher d'un
même pas et de tenir le même langage.

Recevez, etc.

Signé DROUYN DE LHUYS.

La Russie demande au Gouvernement français d'user de son influence pour faire accepter par la Turquie les demandes du prince Menschikoff. Le Gouvernement français répond que si ces demandes n'intéressent que la Turquie dans ses rapports particuliers avec la Russie, c'est à elle de les rejeter ou de les accepter, et la France n'a pas besoin de s'en mêler; mais si ces demandes touchent aux intérêts de l'Europe, il faut les porter devant une Conférence des cinq puissances.

## N° 13.

*A M. le comte Walewski.*

Paris, le 12 juin 1853.

Monsieur le Comte, avant-hier, M. de Kisseleff m'a communiqué confidentiellement deux dépêches de M. le comte de Nesselrode, et, dans le commentaire verbal qu'il y a ajouté, il a insisté vivement sur le désir de sa cour de voir le Gouvernement français user de son influence pour faire accepter par le Sultan la dernière note du prince Menschikoff.

J'ai d'abord exprimé à M. de Kisseleff le regret que le cabinet de Saint-Pétersbourg se fût hâté de reporter à Constantinople, par un *ultimatum* à bref délai, une question sur laquelle il n'était pas probable, dans l'état des choses, que le Divan modifiât son opinion.

« Quant au fond même du débat, ai-je dit à M. de Kisseleff, « c'est à la Porte qu'il appartient de le juger en premier ressort, « et les représentants de France, d'Angleterre, d'Autriche et de « Prusse, en déclinant la demande de conseil que leur avait « adressée Reschid-Pacha, ont très-clairement indiqué qu'en « matière aussi grave, le Gouvernement ottoman devait d'abord « prononcer seul, dans la plénitude de sa responsabilité et de « son indépendance.

« Ou les demandes de votre cour n'ont trait qu'aux rapports « particuliers de la Russie et de la Turquie, et c'est alors une « affaire dans laquelle nous n'avons pas à nous mêler; ou elles « affectent l'indépendance et la souveraineté du sultan, et c'est « alors une affaire européenne. La seconde hypothèse semble « résulter de la persistance de la Porte à repousser vos proposi- « tions, et j'y vois une première raison de croire que ces propo- « sitions sont, en effet, exorbitantes.

« Vos armements et vos propres déclarations nous font « craindre, en outre, que vous ne soyez à la veille de rempla- « cer les négociations par des moyens coercitifs. Nous devons « donc, puisque nous avons signé un traité qui nous rend garants « de l'intégrité de la Turquie, montrer que nous n'avons pas oublié « nos engagements et que nous sommes prêts à les remplir. Si « vous croyez que la Porte se trompe; si, où elle voit des exi- « gences inadmissibles, vous ne trouvez que des prétentions « légitimes, il existe, permettez-moi cette expression, un tribu-

« nal tout établi pour trancher le différend, c'est une conférence
« entre les cinq puissances qui ont pris part à la transaction
« de 1841.

« Ces cinq puissances, parmi lesquelles est la Russie, ont dé-
« cidé en commun que l'indépendance de l'Empire Ottoman,
« nécessaire à l'équilibre européen, serait à l'avenir placée sous
« leur sauvegarde. Elles ont donc qualité pour examiner si, dans
« les circonstances actuelles, le divan ne s'exagère pas l'impor-
« tance de vos demandes, ou si vous-mêmes vous ne vous êtes
« pas mépris sur leur véritable valeur.

« Jusque-là, le Gouvernement de Sa Majesté Impériale ne
« peut être mû que par un intérêt général, celui de la conser-
« vation de l'Empire Ottoman; et comme il ne doute pas que la
« Porte ne soit prête à adopter la combinaison que je viens d'in-
« diquer, et qui semble la plus propre à empêcher les choses de
« s'aggraver, je dois vous avouer franchement que les présomp-
« tions ne seraient pas en votre faveur, si vous recouriez à la
« force au lieu d'accepter la discussion, et si vous troubliez à
« l'avance, par une action isolée, le concert que nous vous pro-
« posons d'établir avec vos alliés. »

Quant à l'occupation des Principautés danubiennes, hors des
cas prévus par les traités, je n'ai pas dissimulé à M. de Kisseleff
qu'il me paraîtrait impossible de n'y pas voir une violation de
l'indépendance et de l'intégrité de la Turquie.

Telle est, Monsieur le Comte, la substance de la réponse que
j'ai faite, par ordre de l'Empereur, à la communication de
M. le ministre de Russie. Je vous prie d'en faire part à lord
Clarendon avec toute la franchise que réclame l'accord des deux
cabinets.

Agréez, etc.

Signé DROUYN DE LHUYS.

Les pièces nᵒˢ 14, 15, 16, 17 et 18 sont de la plus haute importance. Il faut les lire avec le plus grand soin. Les droits prétendus que la Russie s'arroge pour envahir les principautés danubiennes et contraindre la Turquie à lui abandonner le protectorat de ses sujets de l'église grecque, y sont discutés et mis à néant. Le Gouvernement français y expose sa conduite, qui n'a pas cessé d'être réglée par le désir d'arriver à un arrangement pacifique. La dépêche nᵒ 18 achève de révéler la duplicité de la Russie, déjà signalée dans la pièce nᵒ 8.

## Nᵒˢ 14, 15, 16, 17 et 18.

*A M. le général de Castelbajac.*

Paris, le 15 juin 1853.

Général, je n'ai pas besoin de vous dire que si le Gouvernement de Sa Majesté Impériale est disposé à faire ce qui dépendra de lui ponr amener une conciliation honorable entre le cabinet de Saint-Pétersbourg et le Divan, il repousse d'une façon absolue les insinuations presque comminatoires qui terminent la dépêche de M. le comte de Nesselrolde que m'a communiquée M. de Kisseleff. Nous ne voulons point placer la Russie dans une impasse où son honneur lui défendrait de reculer; mais nous entendons conserver notre entière liberté d'action, et nous n'admettons pas, quand toute l'Europe s'alarme des préparatifs qui se font en Bessarabie, à Odessa et à Sébastopol, que l'on puisse ainsi renverser les rôles et donner à notre prévoyance le sens d'une provocation.

Les flottes de France et d'Angleterre, en un mot, n'ont été aux Dardanelles que parce que les forces de terre et de mer de la Russie menaçaient l'Empire Ottoman depuis plusieurs semaines, et ce n'est pas nous qui avons pris l'initiative. Rester impassible dans de pareilles conjonctures, ce serait reconnaître au cabinet de Saint-Pétersbourg, non pas le droit d'exercer une influence en Orient que personne ne lui conteste, mais celui de s'y préparer les voies à une sorte de dictature que les grands cabinets ne sauraient lui concéder sans dommage pour leurs intérêts et la dignité de leur politique.

Les communications que j'ai reçues de Vienne et de Berlin ne me permettent pas de supposer que l'Autriche et la Prusse se soient empressées, comme on vous l'a dit, de donner leur assentiment aux prétentions dont M. le prince de Menschikoff s'est fait l'organe. Sans doute ces deux cours n'ont pas oublié les liens qui les attachent à la Russie, mais elles déplorent amèrement la crise actuelle et reconnaissent qu'elle a son origine exclusive dans les exigences du cabinet de Saint-Pétersbourg. Elles lui ont fait, l'une et l'autre, parvenir leurs représentations, et, si leur attitude officielle n'est pas encore aussi décidée que celle de la France et de l'Angleterre, leur langage confidentiel, j'en ai la certitude, tend absolument au même but.

L'opinion de la plupart des cours secondaires d'Allemagne, que les deux grandes puissances de la Confédération germanique doivent prendre en considération, se formule, enfin, avec une extrême vivacité. Il y a là un symptôme certain de dispositions que des événements plus graves ne tarderaient pas à développer. L'occupation des principautés de Moldavie et de Valachie sera vivement ressentie de l'autre côté du Rhin, et l'Allemagne a une trop grande intelligence de ses intérêts pour accepter facilement l'éventualité de la possession du bas Danube, qu'elle considère avec raison comme une de ses voies commerciales, par un grand État qui pourrait lui fermer ce débouché.

Ce sont, Général, toutes ces considérations qui me font encore espérer que le cabinet de Saint-Pétersbourg y regardera à deux fois avant de troubler le monde par l'explosion d'une ambition hâtive, et que la pensée énergique, mais jusqu'ici toujours calme et prudente qui le dirige, reviendra d'elle-même à une appréciation plus réfléchie de l'état de l'Europe. Ni les intérêts ni les principes du Gouvernement de Sa Majesté Impériale ne le mettent en antagonisme avec la Russie, et il ne suit qu'à regret la ligne de conduite que lui imposent ses obligations et la nécessité des circonstances. C'est vous dire qu'il s'emploiera loyalement, si le cabinet de Saint-Pétersbourg ne précipite pas ses résolutions, à trouver un moyen de concilier avec les droits de souveraineté du Sultan les prétentions qu'il devrait repousser, de concert avec ses alliés, si l'on persistait à vouloir les faire triompher par la force au lieu de les débattre dans des conférences.

Recevez, etc.

Signé DROUYN DE LHUYS.

A M. *le général de Castelbajac.*

Paris, le 25 juin 1853.

Général, le cabinet de Saint-Pétersbourg, en livrant à la publicité la dépêche circulaire que M. le comte de Nesselrode vient, par ordre de Sa Majesté l'Empereur Nicolas, d'envoyer à toutes les légations de Russie à l'étranger, a donné à ce document la valeur d'un manifeste adressé à l'Europe elle-même : aussi ai-je pensé qu'il était nécessaire de vous faire part des réflexions générales que sa lecture m'a suggérées.

Je remarquerai tout d'abord que, de l'exposé même du différend de la Russie avec la Porte, tel que le représente M. le comte de Nesselrode, il résulte que la mission de M. le prince Menschikoff à Constantinople n'avait qu'un but, le règlement des difficultés relatives au partage des Saints Lieux de Jérusalem entre les diverses communions chrétiennes, et que ce but a été rempli à la satisfaction du cabinet de Saint-Péterbourg. La question qui se débat aujourd'hui est donc toute nouvelle ; elle ne se rattache par aucun côté à celle de Jérusalem, et elle touche, par tous, à l'indépendance et à la souveraineté du sultan. C'est le jugement qu'en ont déjà porté, à Constantinople même, les représentants de la France, de l'Autriche, de la Grande-Bretagne et de la Prusse.

Comment prétendre, en effet, que, pour garantir aux chrétiens du rite oriental la possession de quelques sanctuaires déterminés, il faille les couvrir, dans toute l'étendue de l'Empire Ottoman, d'une protection officielle qui substituerait l'autorité morale de l'Empereur de Russie à celle qui revient légitimement au Grand Seigneur ? Quelle corrélation existe-t-il entre deux faits si différents, et en quoi le plus important pourrait-il être considéré comme un appendice, comme une conséquence nécessaire de celui qui l'est le moins?

A l'appui de ces prétentions, le cabinet de Saint-Pétersbourg invoque ses anciens traités avec la Porte, rappelle des analogies historiques et fait valoir des griefs. Ce sont, Général, ces trois ordres d'arguments que je me propose de passer en revue aussi succinctement que possible.

Quand on examine les traités que la Russie a conclus avec la Turquie, on voit que, si elle a quelquefois stipulé pour des sujets du Sultan, ces derniers appartenaient soit à des provinces que les chances de la guerre avaient momentanément fait perdre à la Porte, et à la rétrocession desquelles des conditions pouvaient être posées, soit à des provinces qui, pendant la durée des hostilités, s'étaient compromises envers le Gouvernement ottoman, et que la politique et l'humanité commandaient de protéger contre son ressentiment.

Aucune de ces stipulations n'a le caractère de généralité qu'on essaye aujourd'hui de lui attribuer, et le traité de Kutchuk-Kaïnardji, notamment, ne confère à la Russie qu'un droit de protection limité et défini sur une église desservie par des prêtres russes, qu'il était question de fonder dans le faubourg de Galata. Cela ne veut pas dire, assurément, que, dans la pratique et par la force des choses, le cabinet de Saint-Pétersbourg n'ait été naturellement amené à s'intéresser pour les chrétiens du rite grec, qui forment dans la Turquie d'Europe, la majorité de la population. Mais si la Porte, de son côté, a dû tenir compte des sympathies de la Russie pour l'Église d'Orient, elle n'a pas, jusqu'à présent, souscrit d'engagement qui lui ôtât le mérite de sa tolérance, et lui imposât, au lieu de devoirs librement remplis à l'égard de ses propres sujets, des obligations

5

envers une puissance étrangère. C'est là que réside toute la question, et en énoncer simplement les termes, c'est en démontrer déjà toute l'importance.

Les analogies auxquelles se réfère la circulaire de M. le comte de Nesselrode s'appliquent-elles mieux à la situation présente?

S'il est survenu entre les princes du Saint-Empire, à l'époque de la réforme, des pactes relatifs à l'exercice du culte nouveau dans leurs possessions, faut-il rappeler, d'abord, que cet empire était une association d'États régie par un même chef; et, ensuite, que les transactions dont on parle ont été le résultat de longues guerres intestines ou de combinaisons politiques dans lesquelles le caractère électif de la dignité impériale exerçait nécessairement une grande influence?

Quant à nos capitulations avec la Turquie, vous savez qu'elles ne nous ont jamais donné un droit de protection sur les sujets catholiques du Sultan. Si la France a pu rendre à cette fraction minime de la population ottomane des services du genre de ceux que la Russie s'honore elle-même d'avoir rendus à ses coreligionnaires, sa protection directe et officielle ne s'est jamais exercée que sur des établissements étrangers, desservis par des prêtres également étrangers, et dont le chef spirituel réside à Rome. La protection de la Russie, au contraire, s'appliquerait à un clergé composé de sujets du Sultan et soumis hiérarchiquement à un patriarche qui dépend aussi de la Porte. Il n'y aurait donc aucune assimilation possible entre la position des deux puissances.

Je consigne ici, du reste, un important passage d'un mémoire de M. le comte de Saint-Priest, ambassadeur du roi Louis XVI à Constantinople de 1768 à 1785, et qui détermine nettement le caractère de notre protectorat. Voici comment s'exprime M. le comte de Saint-Priest :

« On a décoré le zèle de nos rois de l'expression de protec-« tion de la religion catholique en Levant; mais elle est illusoire

« et sert à égarer ceux qui n'approfondissent pas la chose. Jamais
« les Sultans n'ont eu seulement l'idée que les monarques fran-
« çais se crussent autorisés à s'immiscer de la religion des sujets
« de la Porte. Il n'y a point de prince, dit fort sagement un de mes
« prédécesseurs, M. le marquis de Bonnac, dans un mémoire
« sur cette matière, quelque étroite union qu'il ait avec un
« autre souverain, qui lui permette de se mêler de la religion
« de ses sujets. Les Turcs sont aussi délicats que d'autres là-des-
« sus.

« Il est aisé de comprendre que la France, n'ayant jamais
« traité avec la Porte qu'à titre d'amitié, n'a pu lui imposer des
« obligations odieuses de leur nature; aussi le premier point de
« mes instructions me prescrivait d'éviter tout ce qui pourrait
« causer de l'ombrage à la Porte en donnant trop d'extension aux
« capitulations en matière de religion. »

Cette citation me dispense de toute autre explication sur un
point qu'elle éclaire avec une si incontestable autorité.

Ainsi donc, ni les anciens traités, ni les analogies que l'on
invoque, ne peuvent servir de bases aussi solides qu'on le pense
aux prétentions du cabinet de Saint-Pétersbourg.

Reste la question des griefs. Ce que la Russie reproche à la
Porte, c'est un manque de procédés. Chaque Gouvernement,
sans doute, est le seul juge des exigences de sa dignité; mais il
faut, cependant, que la réparation demeure toujours propor-
tionnée à l'offense. Or, des excuses ou des regrets constituent
ordinairement la réparation d'un tort de forme; c'est pour la
première fois que l'on voit exiger d'un souverain, dans un cas
semblable, l'abandon de son influence morale sur la plus notable partie de ses sujets.

J'ajouterai que, si la Russie fait à la Porte un grief de ses
tergiversations dans l'affaire des Lieux saints, la France ne serait pas moins fondée à lui adresser les mêmes reproches, et
que, si elle s'en est abstenue, c'est qu'elle a pris en considération

5.

les embarras d'une puissance qui, entraînée par deux courants opposés et d'une force égale, ne croyait pouvoir garder son équilibre qu'en contractant tour à tour des obligations contra- dictoires.

Le même esprit de modération a porté le Gouvernement de Sa Majesté Impériale à tenir compte de la différence des temps, des changements opérés depuis un siècle dans les rapports des diverses puissances, et de la Russie en particulier, avec l'Empire Ottoman; et, bien que nous puissions alléguer, à l'appui des réclamations des pères de Terre sainte, les clauses d'un traité formel, nous n'avons rien demandé qui dût priver les Grecs des avantages que les événements avaient placés entre leurs mains; loin de là, nous avons consenti à ce qu'on leur ouvrît un sanctuaire, celui de la mosquée de l'Ascension, dont l'ac- cès leur était interdit, et que les efforts tout récents d'un am- bassadeur de France, M. l'amiral Roussin, avaient, en partie, restitué au culte chrétien. Quant à cette clef de la grande porte de l'église de Bethléem dont on a tant parlé, on a seulement oublié de dire que les Grecs en possédaient une toute semblable, et que celle des Latins, loin de leur assurer la propriété d'un temple toujours réservé à l'autre communion, ne leur accor- dait qu'un simple droit de passage. On n'a pas rappelé non plus qu'en réparation de l'oubli d'une promesse donnée à la légation de Russie par le Divan, quand l'ambassade de France en recevait une différente, l'un des deux firmans destinés à ré- gler la question des Lieux saints a concédé, sur la demande de M. le prince de Menschikoff, au patriarche grec de Jérusalem, la surveillance exclusive des travaux de reconstruction qu'exige l'état de la grande coupole de l'église du Saint-Sépulcre.

Tous ces faits, Général, s'ils ne peuvent pas plus invalider nos titres, sous peine de renversement des principes générale- ment reconnus du droit public, que ne le ferait même un traité conclu sans notre participation, constituent néanmoins autant de dérogations plus ou moins importantes, sinon aux récents engagements de la Porte envers nous, que notre dignité nous imposait le devoir de faire respecter intégralement, du moins au texte précis de nos capitulations de 1740. Si donc ses intentions eussent été moins conciliantes, s'il n'eût été pénétré de cette idée qu'aucune des parties contractantes de la convention du 13 juillet 1841 ne pouvait user de tous les droits antérieurs à cette transaction européenne, sans courir le risque de compromettre le repos que la garantie collective des puissances a eu pour but d'assurer à l'Empire Ottoman, le Gouvernement de Sa Majesté Impériale aurait eu la pleine faculté non-seulement d'opposer des réserves, qui sont d'un usage constant en diplomatie, mais de faire à son tour entendre des menaces.

C'est une autre ligne de conduite que la France a suivie, et la modération dont elle a fait preuve, outre qu'elle lui ôte toute part de responsabilité dans la crise actuelle, lui donne également le droit d'espérer que les sacrifices qu'elle a faits pour le maintien de la tranquillité en Orient ne seront pas perdus, et que le cabinet de Saint-Pétersbourg, mû par des considérations analogues, saura enfin trouver un moyen de concilier ses prétentions avec les prérogatives de la souveraineté du Sultan, et trancher, autrement que par la force, un différend dont tant d'intérêts attendent aujourd'hui la solution.

Je vous autorise, Général, à communiquer cette dépêche à M. le comte de Nesselrode.

Recevez, etc.

Signé DROUYN DE LHUYS.

*A M. le général de Castelbajac.*

Paris, le 1ᵉʳ juillet 1853.

Général, l'Empereur m'a remis le rapport confidentiel que vous lui avez directement adressé à la date du 10 juin dernier. Sa Majesté Impériale apprécie à toute leur valeur les sentiments dont l'empereur Nicolas lui a fait parvenir l'expression par votre organe, et elle croit y répondre en recherchant elle-même les moyens d'empêcher que les incidents qui se sont produits à Constantinople ne troublent les relations d'amitié et de confiance qu'elle a à cœur de maintenir intactes entre les deux couronnes.

L'Empereur m'a donc donné l'ordre de vous inviter à remettre de sa part entre les mains de l'empereur Nicolas, en suivant la marche que ce souverain vous a indiquée, le projet de note ci-annexé, qui a reçu l'approbation de l'Angleterre (1). Je vous prie d'accomplir immédiatement cette démarche et de m'informer de son résultat par la voie la plus prompte.

Recevez, etc.

Signé DROUYN DE LHUYS.

---

(1) Le document dont il est ici question est devenu plus tard, sauf quelques modifications, ce que l'on a appelé *la note de Vienne.*

*A M. le comte Walewski.*

Paris, le 13 juillet 1853.

Monsieur le Comte, j'ai eu l'honneur de vous informer sommairement, dans ma dépêche d'hier, de l'impression causée sur le Gouvernement de Sa Majesté Impériale par la nouvelle circulaire de M. le comte de Nesselrode. L'Empereur m'a donné l'ordre de répondre à ce nouveau manifeste du cabinet de Saint-Pétersbourg par une dépêche que M. de Castelbajac communiquera au chancelier, et qui se terminera pas la déclaration dont je vous ai déjà fait connaître la substance. Je crois que, pour le moment, il nous suffit de prendre ainsi position, en laissant à la Russie le soin de faire un choix parmi les divers expédients qui lui ont été suggérés dans le but de mettre un terme à son démêlé avec la Porte. Il faut, néanmoins, prévoir le cas où les négociations seraient impuissantes, et convenir pour cette éventualité, ainsi que dans l'hypothèse de dangers soudains qui menaceraient l'existence ou le repos de la Turquie, de la marche que nous aurions à suivre en commun avec le Gouvernement de Sa Majesté Britannique. Si toute tentative de conciliation était repoussée par la Russie, si l'occupation des provinces danubiennes se prolongeait, et, enfin, si la présence des pavillons réunis de France et d'Angleterre devenait nécessaire à Constantinople, par suite d'événements graves, nos escadres, à mon avis, ne pourraient plus davantage demeurer à l'ancre à Besika. Le moment serait venu de donner suite à la déclaration que nous allons faire, et de franchir le détroit des Dardanelles. Veuillez donc, monsieur le comte, appeler l'attention de lord Clarendon sur des considérations qu'il me suffit d'indiquer, et lui demander, soit de s'entendre avec vous, soit d'inviter lord Cowley à s'entendre avec moi sur un plan de conduite que nous adopterions d'avance, afin que nos ambassadeurs à Constantinople ne soient point pris au dépourvu par les événements, et que des instructions précises dégagent leur responsabilité.

Agréez, etc.

Signé DROUYN DE LHUŸS.

*A M. le général de Castelbajac.*

Paris, le 15 juillet 1853.

Général, la nouvelle dépêche de M. le comte de Nesselrode, que le *Journal de Saint-Pétersbourg* publiait le lendemain du jour où elle était expédiée à toutes les légations de Russie, a produit sur le Gouvernement de l'Empereur une impression que Sa Majesté Impériale m'a ordonné de vous faire connaître sans détour.

Nous ne pouvons que déplorer de voir la Russie, au moment même où les efforts de tous les cabinets, pour amener une solution satisfaisante des difficultés actuelles, témoignent si hautement de leur modération, prendre une attitude qui rend le succès de leurs négociations plus incertain, et impose à quelques-uns d'entre eux le devoir de repousser la responsabilité que l'on essayerait vainement de faire peser sur leur politique.

Je ne voudrais pas, Général, revenir sur une discussion épuisée; mais, comme M. le comte de Nesselrode allègue toujours, à l'appui des prétentions du cabinet de Saint-Pétersbourg, l'offense que la Porte aurait commise à son égard en ne tenant pas compte des promesses qu'elle aurait faites à la légation de Russie, à l'époque du premier règlement de la question des Lieux saints, en 1852, je suis bien forcé de répéter que les firmans rendus par le Sultan à la suite de la mission de M. le prince Menschikoff ont ôté tout fondement à cet unique grief, et que, s'il est un gouvernement autorisé à élever des plaintes légitimes, ce n'est pas celui de S. M. l'empereur Nicolas.

En effet, à la date du 10 mai dernier, M. le comte de Nesselrode, qui venait de recevoir des dépêches de M. l'ambassadeur de Russie à Constantinople, se félicitait avec vous d'un résultat qu'il considérait comme une heureuse conclusion de l'affaire des Lieux saints; M. de Kisseleff, à Paris, me faisait une semblable déclaration, et, partout, les agents du cabinet de Saint-Pétersbourg tenaient le même langage.

Les demandes formulées postérieurement par M. le prince Menschikoff, quand l'objet principal de sa mission était atteint, quand on annonçait déjà son retour, ne se rattachaient donc par aucun lien à celles qu'il avait fait accueillir par la Porte; et c'était bien une nouvelle question, une difficulté plus grave qui surgissait à Constantinople, alors que l'Europe, un instant alarmée, était invitée par la Russie elle-même à se rassurer complétement.

Pris, en quelque sorte, au dépourvu par des exigences qu'ils n'avaient pas dû soupçonner, les représentants de la France, de l'Autriche, de la Grande-Bretagne et de la Prusse à Constantinople ont loyalement employé leurs efforts pour empêcher une rupture dont les conséquences pouvaient être si fatales. Ils n'ont pas conseillé à la Porte une résistance de nature à l'exposer aux dangers les plus sérieux; et, reconnaissant à l'unanimité que les demandes de la Russie touchaient de trop près à la liberté d'action et à la souveraineté du Sultan pour qu'ils pussent se permettre un avis, ils ont laissé aux seuls ministres de Sa Hautesse la responsabilité du parti à prendre. Il n'y a donc eu, de leur part, ni pression d'aucun genre, ni ingérence quelconque, et si le Gouvernement ottoman, livré à lui-même, n'a pas voulu souscrire aux conditions qu'on prétendait lui imposer, il faut assurément qu'il les ait trouvées entièrement incompatibles avec son indépendance et sa dignité.

C'est dans de telles conjonctures, Général, que M. le prince

Menschikoff a quitté Constantinople, en rompant toute relation diplomatique entre la Russie et la Porte, et que les puissances engagées par leurs traditions et leurs intérêts à maintenir l'intégrité de la Turquie ont eu à se tracer une ligne de conduite.

Le Gouvernement de Sa Majesté Impériale, d'accord avec celui de Sa Majesté Britannique, a pensé que la situation était trop menaçante pour ne pas être surveillée de près; et les escadres de France et d'Angleterre reçurent bientôt l'ordre d'aller mouiller dans la baie de Besika, où elles arrivèrent au milieu du mois de juin.

Cette mesure, toute de prévoyance, n'avait aucun caractère hostile à l'égard de la Russie; elle était impérieusement commandée par la gravité des circonstances et amplement justifiée par les préparatifs de guerre qui, depuis plusieurs mois, se faisaient en Bessarabie et dans la rade de Sébastopol.

Le motif de la rupture entre le cabinet de Saint-Pétersbourg et la Porte avait, pour ainsi dire, disparu; la question qui pouvait se poser à l'improviste à Constantinople, c'était celle de l'existence même de l'Empire Ottoman, et jamais le Gouvernement de Sa Majesté Impériale n'admettra que de si vastes intérêts se trouvent en jeu, sans revendiquer aussitôt la part d'influence et d'action qui convient à sa puissance et à son rang dans le monde. A la présence d'une armée russe sur les frontières de terre de la Turquie, il avait le droit et le devoir de répondre par la présence de ses forces navales à Besika, dans une baie librement ouverte à toutes les marines, et située en deçà des limites que les traités défendent de franchir en temps de paix.

Le Gouvernement de Russie, du reste, devait bientôt se charger d'expliquer lui-même la nécessité du mouvement ordonné aux deux escadres.

Le 31 mai, en effet, quand il était impossible de connaître à Saint-Pétersbourg, où la nouvelle n'en parvint que le 17 juin, les résolutions auxquelles pourraient s'arrêter la France et l'Angleterre, M. le comte de Nesselrode envoyait à la Porte, sous la forme d'une lettre à Reschid-Pacha, un dernier *ultimatum* à bref délai, et qui contenait, très-clairement exprimée, la menace d'une prochaine occupation des Principautés du Danube.

Lorsque cette décision était prise avec une solennité qui ne permettait plus à un gouvernement jaloux de sa dignité de la modifier; lorsque, par une circulaire datée du 11 juin, Sa Majesté l'empereur Nicolas la faisait annoncer à l'Europe, comme pour en rendre l'exécution plus irrévocable, notre escadre était encore à Salamine et celle de l'Angleterre n'était pas sortie du port de Malte.

Ce simple rapprochement de date suffit pour indiquer de quel côté est partie cette initiative que l'on s'efforce aujourd'hui de décliner, en en rejetant la responsabilité sur la France et l'Angleterre; il suffit également, pour prouver qu'entre la communication faite à Paris et à Londres de la démarche tentée directement par M. le comte de Nesselrode à Constantinople et le rejet de cet ultimatum, le temps a manqué matériellement aux Gouvernements de Sa Majesté Impériale et de Sa Majesté Britannique pour exercer, dans un sens quelconque, leur influence à Constantinople. Non, Général, je le dis avec toute la puissance de la conviction, le Gouvernement français, dans ce grave débat, n'a nul reproche à se faire; il repousse du fond de sa conscience, non moins que devant l'Europe, la responsabilité qu'on lui impute, et, fort de sa modération, en appelle sans crainte à son tour au jugement des cabinets.

Sauf le but si différent des deux démonstrations, il y avait peut-être une sorte d'analogie dans les situations respectives, quand l'armée russe se tenait sur la rive gauche du Pruth et que les flottes de France et d'Angleterre jetaient l'ancre à Besika. Cette analogie a disparu depuis le passage de la rivière

qui forme les limites de l'Empire Russe et de l'Empire Ottoman.
M. le comte de Nesselrode, d'ailleurs, semble le reconnaître
quand il suppose déjà les escadres en vue même de Constantinople, et représente comme une compensation nécessaire à ce
qu'il appelle notre *occupation maritime* la position militaire
prise par les troupes russes sur les bords du Danube.

Les forces anglaises et françaises ne portent, par leur présence en dehors des Dardanelles, aucune atteinte aux traités
déjà existants. L'occupation de la Valachie et de la Moldavie, au
contraire, constitue une violation manifeste de ces mêmes traités. Celui d'Andrinople, qui détermine les conditions du protectorat de la Russie, pose implicitement le cas où il serait
permis à cette puissance d'intervenir dans les Principautés; ce
serait si leurs priviléges étaient méconnus par les Turcs.

En 1848, quand ces provinces ont été occupées par les
Russes, elles se trouvaient en proie à une agitation révolutionnaire qui menaçait également leur sécurité, celle de la puissance souveraine et celle de la puissance protectrice. La convention de Balta-Liman, enfin, a admis que, si des événements
semblables venaient à se renouveler dans une période de sept
années, la Russie et la Turquie prendraient en commun les
mesures les plus propres à rétablir l'ordre.

Les priviléges de la Moldavie et de la Valachie sont-ils mena-
cés? Des troubles révolutionnaires ont-ils éclaté sur leur territoire? Les faits répondent d'eux-mêmes qu'il n'y a lieu, pour le
moment, à l'application ni du traité d'Andrinople, ni de la convention de Balta-Liman.

De quel droit les troupes russes ont-elles donc passé le Pruth?
Si ce n'est du droit de la guerre, d'une guerre, je le reconnais,
dont on ne veut pas prononcer le vrai nom, mais qui dérive
d'un principe nouveau, fécond en conséquences désastreuses,
que l'on s'étonne de voir pratiquer pour la première fois par
une puissance conservatrice de l'ordre européen à un degré aussi

éminent que la Russie, et qui n'irait à rien moins qu'à l'oppression en pleine paix des États faibles par les États plus forts qui sont leurs voisins.

L'intérêt général du monde s'oppose à l'admission d'une semblable doctrine, et la Porte, en particulier, a le droit incontestable de voir un acte de guerre dans l'envahissement de deux provinces qui, quelle que soit leur organisation spéciale, font partie intégrante de son empire. Elle ne violerait donc pas plus que les puissances qui viendraient à son aide le traité du 13 juillet 1841, si elle déclarait les détroits des Dardanelles et du Bosphore ouverts aux escadres de France et d'Angleterre. L'opinion du Gouvernement de Sa Majesté Impériale est formelle à cet égard, et bien que, dans sa pensée, elle n'exclut pas la recherche d'un moyen efficace de conciliation entre la Russie et la Turquie, je vous invite à faire connaître notre manière de voir à M. le comte de Nesselrode et à lui communiquer cette dépêche.

Recevez, etc.

Signé DROUYN DE LHÜYS.

Le Gouvernement russe semblait disposé à faire précéder
les négociations de l'évacuation des Provinces danubiennes;
mais il ne s'expliquait pas sur l'époque de la retraite de ses
troupes. D'un autre côté, l'approche de la mauvaise saison
rendait dangereux le mouillage de Besika, où se trouvaient
les flottes de France et d'Angleterre. Le Gouvernement
français décide que, si les Principautés ne sont pas évacuées
le 1er octobre, la flotte ira jeter l'ancre à l'entrée des Dardanelles, où elle sera à l'abri des vents du Nord (dépêches
19 et 20). Il justifie cette mesure et fait savoir à Saint-Pétersbourg que le pavillon français ne se rend pas aux Darda
nelles pour encourager la Porte dans un refus d'accommodement, mais par des considérations purement nautiques.

## Nᵒˢ 19 et 20.

*À M. le comte Walewski.*

Paris, le 19 août 1853.

Monsieur le Comte, les rapports les plus récents de M. le général de Castelbajac me donnent toujours lieu de croire qu'aux

yeux du cabinet de Saint-Pétersbourg lui-même, l'évacuation des Principautés danubiennes pourra seule marquer le terme des difficultés pendantes et constater le rétablissement des rapports de la Russie et de la Turquie sur leur ancien pied. Je ne prévois pas que rien vienne modifier les dispositions manifestées par M. le comte de Nesselrode ; mais le chancelier ne s'étant pas expliqué, jusqu'à présent, sur l'époque de la retraite des troupes russes au delà du Pruth, et la saison, d'un autre côté, ne permettant pas de laisser longtemps encore nos forces navales dans la baie de Besika, il m'a paru indispensable de fixer le moment où elles devraient quitter ce mouillage. Je n'ai pas besoin de vous dire, Monsieur le Comte, que nous ne saurions songer, tant que l'incident actuel ne sera pas vidé, à rappeler notre escadre à Toulon, ni même à l'éloigner des parages qu'elle occupe, et Sa Majesté Impériale a décidé que des ordres seraient expédiés à M. de Lacour pour lui enjoindre de s'entendre avec la Porte, afin que, si la Moldavie et la Valachie n'étaient pas évacuées à la date du 1er octobre, les Dardanelles pussent être, à cette époque, librement franchies par M. le vice-amiral Hamelin. Je suis sûr que le Gouvernement de Sa Majesté britannique reconnaîtra comme nous la nécessité de prendre cette résolution éventuelle, et je vous prie de me faire savoir si lord Clarendon est disposé à transmettre à lord Stratford de Redcliffe des instructions semblables à celles que j'adresserai, de mon côté, à M. de Lacour aussitôt que j'aurai reçu votre réponse.

Agréez, etc.

Signé DROUYN DE LHUYS.

*A M. le comte Walewski,*

Paris, le 1er septembre 1853.

Monsieur le Comte, je vous ai déjà fait connaître sommairement l'opinion du Gouvernement de Sa Majesté Impériale sur
la complication inattendue que les objections de la Porte à la
note de Vienne ont fait naître dans un débat que nous pouvions
croire arrivé à son terme.

Ce n'est pas, du reste, à ce point, quelle que soit son importance, que s'appliquent nos préoccupations les plus immé-
diates. La position de nos escadres, à Besika, devient chaque
jour plus embarrassante, et le moment approche où elles devront
quitter ce mouillage, si nous ne voulons pas compromettre leur
sûreté. Je n'ai pas à exposer de nouveau les raisons qui ne nous
permettent point de les rappeler à Toulon et à Malte. Un mouvement en arrière est moralement impossible aujourd'hui; et,
néanmoins, il est indispensable de chercher, pour nos vaisseaux, un abri contre la mauvaise saison. L'Empereur pense
donc que nous ne devons pas tarder davantage à demander à
la Porte que nos forces navales, sans dépasser les châteaux,
jettent l'ancre à l'entrée des Dardanelles, de façon à être pro-
tégées contre les vents du Nord, qui, à partir de la fin de septembre, règnent avec violence en dehors du détroit. En même
temps, nous ferions clairement savoir à Saint-Pétersbourg que
le parti auquel nous nous serions arrêtés nous a été dicté, non
par le désir d'encourager la Porte dans un refus que nous désap-
prouvons, mais par des considérations nautiques; et nous nous

6

engagerions à nous retirer aussitôt que l'ordre d'évacuer les Principautés aurait été donné.

Sa Majesté, profondément convaincue de l'urgence d'une pareille mesure et ayant à cœur de ne pas encourir la responsabilité des graves conséquences que pourrait avoir, pour nos escadres, un manque de prévoyance ou d'opportune résolution dans les circonstances actuelles, vous charge de recommander instamment à l'attention du Gouvernement de Sa Majesté Britannique le contenu de cette dépêche, dont vous voudrez bien laisser copie à lord Clarendon.

Agréez, etc.

Signé DROUYN DE LHUYS.

La question d'Orient, au mois de septembre 1853, était sur le point de recevoir une solution pacifique. La Porte Ottomane avait accepté, moyennant quelques modifications qui sauvegardaient sa dignité, un projet d'arrangement, dit *Note de Vienne*, émané de la conférence de Vienne. La Prusse considérait ces modifications comme indispensables, afin de prémunir la Turquie contre une interprétation abusive. Mais la Russie remet tout en question. Dans deux dépêches adressées à son ministre près la cour d'Autriche, M. de Nesselrode se livre à une argumentation qui prouve que la Russie ne fait aucune concession et entend imposer au Sultan l'*ultimatum* du prince Menschikoff, c'est-à-dire une déchéance morale, au moyen des commentaires dont elle accompagne la *Note de Vienne*.

## Nos 21 ET 22.

*À M. le Baron de Bourqueney.*

Paris, le 17 septembre 1853.

Monsieur le Baron, vos dépêches télégraphiques m'ont mis successivement au courant de la situation des choses à Vienne.

6.

Toutefois, en m'annonçant que le cabinet de Saint-Pétersbourg n'expliquait son refus d'adhérer aux modifications demandées par la Porte que par des raisons de dignité, vous n'étiez pas encore informé du contenu intégral de la dernière expédition de M. le comte de Nesselrode à M. le baron de Meyendorff. M. le ministre de Russie est venu me donner lecture des deux dépêches adressées, en date du 7 septembre, à son collègue à Vienne, et si la première, comme vous me l'avez dit par le télégraphe, ne roule, en effet, que sur un thème correct, en se bornant à établir le droit de l'Empereur Nicolas à s'en tenir au texte même de la note déjà acceptée par lui, il n'en est pas de même de la seconde. M. le comte de Nesselrode, dans ce document, se livre à un examen approfondi des points que le divan a modifiés, et il résulte clairement de son argumentation que la Russie prétend s'ingérer dans les rapports du Sultan avec ses sujets chrétiens, et veiller elle-même à l'avenir, comme le traité de Kaïdnardji, selon le chancelier, atteste qu'elle l'a fait dans le passé, au maintien des droits et immunités de l'Église grecque dans l'Empire Ottoman.

Ainsi donc, Monsieur le Baron, les amendements de Reschid-Pacha ne sont pas, dans l'opinion du cabinet de Saint-Pétersbourg, des changements sans importance, et ils altéreraient, contrairement à l'avis de M. le comte de Buol lui-même, le sens de la note de Vienne. Il y a là, entre le gouvernement russe et la conférence présidée par M. le ministre des affaires étrangères d'Autriche, une divergence qui ne saurait passer sans explication. Quand les quatre puissances médiatrices ont jugé que la Porte commettait une faute de conduite en refusant son adhésion pure et simple au projet de conciliation qu'elles lui proposaient, elles ont unanimement déclaré que l'on avait tort à Constantinople de retarder, pour des motifs presque puérils, pour des corrections insignifiantes, une solution réclamée par les intérêts de la Turquie et attendue de l'Europe avec anxiété.

La Russie vient aujourd'hui attribuer au texte primitif des passages modifiés par le Divan un sens qui n'est certainement pas celui que la conférence entendait lui donner, car ce serait justifier les appréhensions des conseillers du Sultan. En effet, entre l'interprétation que M. le comte de Nesselrode fait de la Note de Vienne et les exigences de la note de M. le prince Menschikoff, qui ont été reconnues exorbitantes par tout le monde, la différence serait insaisissable, et vous savez, Monsieur le Baron, que notre but, dans ces longues et pénibles négociations, n'a jamais été que de trouver un moyen terme acceptable également par les deux parties.

La communication de M. Kisseleff tend à détruire l'équilibre; elle ajoute à l'œuvre de la conférence un commentaire qui en change l'esprit, et c'est pour nous, comme pour ceux qui ont pris part à la rédaction de la note soumise à la Porte, une question de bonne foi et d'honneur que de nous expliquer à Saint-Pétersbourg, ainsi qu'à Constantinople, sur nos véritables intentions. Veuillez donc, Monsieur le Baron, communiquer sans retard ces observations à M. le comte Buol, et ne pas lui cacher que, s'il n'y était point fait droit, il nous semblerait à peu près impossible de triompher de la résistance de la Turquie et de conserver à nos conseils l'autorité morale dont ils ont besoin pour être écoutés.

Recevez, etc.

Signé DROUYN DE LHUYS.

A M. le marquis de Moustier, Ministre à Berlin.

Paris, le 24 septembre 1853.

Monsieur le Marquis, j'ai été particulièrement frappé de la coïncidence de mon opinion avec celle que M. de Manteuffel vous a exprimée sur la valeur intrinsèque des modifications introduites par Reschid-Pacha dans la note de Vienne, et sur la nécessité de prémunir la Porte contre une interprétation abusive de ce document. Je ne doute donc pas que la dépêche dans laquelle M. le comte de Nesselrode développe les motifs qui n'ont pas permis au cabinet de Saint-Pétersbourg d'accepter les amendements réclamés par le Divan n'ait produit sur l'esprit de M. le ministre des affaires étrangères de Prusse le fâcheux effet qu'elle a eu sur le mien.

Recevez, etc,

Signé DROUYN DE LHUYS.

Le péril couru par l'Empire Ottoman produit une grande fermentation à Constantinople. On redoute un soulève-ment de la population musulmane. S. Exc. M. le Ministre des affaires étrangères, craignant avec raison que l'Empe-reur de Russie, informé de la situation des choses, ne fasse partir sa propre flotte pour le Bosphore afin de précipiter le dénoûment de son entreprise, propose à l'Angleterre d'envoyer les escadres française et anglaise à Constantinople, pour protéger les nationaux et le Sultan lui-même contre les dangers du dedans et du dehors.

## N° 23.

*A M. le Comte Walewski.*

Paris, le 21 septembre 1854.

Monsieur le Comte, j'ai reçu ce matin une dépêche télégra-phique de M. de Lacour qui m'annonce que des troubles ont éclaté à Constantinople, à l'instigation de quelques ulémas. Vous vous rappelez que, lorsque je vous chargeais, il y a déjà trois mois, de proposer au Gouvernement de Sa Majesté Britannique de faire franchir les Dardanelles par nos escadres, j'avais en vue les dangers qui pourraient naître de l'exaltation du fanatisme musulman. Cette hypothèse est à la veille de se réaliser.

La sécurité de nos nationaux, celle des chrétiens, la vie même du Sultan et de ses ministres sont peut-être à la merci d'un incident. Dans une telle situation, Monsieur le Comte, Sa Majesté Impériale, outre qu'elle est résolue à ne pas exposer son escadre à d'inutiles périls en la laissant à Besika, comprend tous les devoirs que l'humanité lui commande et qui répondent d'ailleurs à son vif intérêt pour la personne du Sultan Abdul-Medjid.

Les forces navales des deux puissances chrétiennes et alliées de la Porte ne sauraient se trouver à une si courte distance du théâtre où des événements, non moins désastreux pour les populations que pour l'autorité d'un souverain ami, menacent de se passer au premier jour, sans être en mesure, soit de les conjurer, soit d'en arrêter les conséquences. J'ajouterai que la Russie, informée de la situation des choses, peut elle-même rapprocher sa flotte du Bosphore et nous devancer à Constantinople. Sa Majesté Impériale, Monsieur le Comte, a mûrement pesé toutes ces considérations, et elle me charge de vous inviter à faire au principal secrétaire d'État de Sa Majesté Britannique la proposition formelle d'expédier à nos ambassadeurs l'ordre d'appeler immédiatement les deux escadres à Constantinople, et à nos amiraux celui de se tenir prêts à obéir à cette réquisition.

Agréez, etc.

Signé DROUYN DE LHUYS.

Le Gouvernement français ne cesse pas d'allier la sagesse de ses conseils à la fermeté des mesures qu'il prend pour préserver la Turquie d'un envahissement. Malheureusement la dépêche de M. de Nesselrode, en commentant et exagérant le sens de la note de Vienne, a réveillé toutes les craintes du Sultan. M. Drouyn de Lhuys fait savoir à l'ambassadeur français à Constantinople que le cabinet de Saint-Pétersbourg a paralysé l'action du Gouvernement de Napoléon III.

## N° 24.

*A M. De Lacour.*

Paris, le 22 septembre 1853.

Monsieur, vous savez que, lorsque nous avons participé à la rédaction de la note arrêtée dans la conférence de Vienne, et destinée à être adressée par la Porte au cabinet de Saint-Pétersbourg, nous avions la confiance que les deux parties, animées comme nous du désir de voir arriver le terme des difficultés dont l'Europe s'alarme depuis quelques mois, éviteraient de faire sortir de ce document, par des interprétations prématurées et contradictoires, de nouvelles causes de conflit.

Le prompt assentiment de la Russie nous avait d'abord confirmés dans cet espoir, et nous n'en avions éprouvé que plus de regret en apprenant que la Porte s'était crue obligée d'introduire des amendements dans un texte que ses alliés n'auraient certainement pas soumis à son acceptation, s'ils l'avaient jugé contraire à sa dignité ou à son indépendance.

Cela est tellement vrai, Monsieur, et la conférence de Vienne partageait si peu les appréhensions dont Reschid-Pacha s'était rendu l'organe auprès de vous et de vos collègues, qu'elle a déclaré à l'unanimité que les modifications réclamées par le Divan n'avaient aucune importance et ne changeaient en rien le sens primitif de son œuvre. M. le comte de Buol, en conséquence, se hâta d'exprimer cette opinion à M. le comte de Nesselrode, et ne parut pas mettre en doute le succès des démarches prescrites à M. de Lebzeltern.

La cour de Russie, contrairement à notre attente, répondit qu'elle ne pouvait admettre aucune variante à la note originale de Vienne. Il ne restait plus à la conférence qu'à tenter loyalement un nouvel effort, à répéter à Constantinople ce qu'elle avait dit à Saint-Pétersbourg de l'insignifiance des modifications proposées, et elle se montrait prête, dans le but de faciliter les résolutions de la Porte, à déclarer officiellement que « la note « remise à Reschid-Pacha par les quatre représentants ne conte- « nait aucun des dangers qu'on avait cru y voir pour les droits « de souveraineté du Sultan. »

Les choses en étaient là, Monsieur, lorsque M. de Kisseleff, à Paris, et M. le baron de Brunow, à Londres, produisirent une dépêche adressée par M. le comte de Nesselrode à M. de Meyendorff, et qui n'avait pas été communiquée à la conférence. Cette dépêche, dont j'ai déjà eu l'honneur de vous faire connaître l'esprit, changeait la situation. Il nous devenait impossible d'insister davantage auprès du Divan pour l'acceptation pure et simple d'une note à laquelle le commentaire qu'on en donnait attribuait un sens tout nouveau. Nous ne pouvions plus agir à Constantinople, que si la conférence de Vienne contredisait ce commentaire et déterminait elle-même la portée du document émané d'elle.

M. le baron de Bourqueney et lord Westmoreland ont donc été chargés de provoquer une explication catégorique, et d'obtenir de la conférence qu'elle interprétât sa note avec assez de précision et de netteté pour rendre un malentendu impossible. Je regrette de dire, Monsieur, que nos efforts n'ont pas eu, jusqu'à présent, le résultat que nous en attendions, et que l'hésitation que l'on met à donner à la Porte des assurances suffisamment explicites pour l'engager à revenir sur sa première décision, paralyse aujourd'hui notre action, et ne nous permet plus de donner des conseils qui n'auraient aucune chance d'être écoutés. Il ne dépendra pas de nous, toutefois, de maintenir entre les grands cabinets la conformité de vues et d'attitude qui peut seule servir à dénouer, sans trouble pour l'Europe, les difficultés pendantes en Orient.

Agréez, etc.

Signé DROUYN DE LHUYS.

Les hostilités deviennent imminentes. L'armée russe se rapproche du Danube et l'Empereur Nicolas poursuit ses préparatifs de guerre sur une vaste échelle. D'un autre côté, l'Empire Ottoman, qu'un état prolongé d'incertitudes expose aux plus graves périls intérieurs, vient de déclarer *de droit* à la Russie, une guerre que celle-ci a déjà commencée *de fait*.

## Nº 25.

*A M. le Comte Walewski.*

Paris, le 4 octobre 1853.

Monsieur le Comte, je vous ai fait connaître, dans la dépêche que j'ai eu l'honneur de vous écrire avant-hier, l'opinion du gouvernement de Sa Majesté Impériale sur la proposition du cabinet de Vienne. Vous avez vu que nous rendions justice aux efforts tentés par M. le comte de Buol pour maintenir les affaires d'Orient dans la voie des négociations, et que, tout en trouvant le projet de déclaration qui nous était soumis, susceptible de quelques modifications, nous pensions, néanmoins, qu'afin de nous montrer conséquents avec la politique de conciliation que nous n'avons cessé de suivre depuis l'origine du différend survenu entre le cabinet de Saint-Pétersbourg et la Sublime-Porte, nous devions examiner avec soin toutes les combinaisons de nature à empêcher l'explosion des hostilités.

Cette manière de voir, Monsieur le Comte, est toujours celle de l'Empereur : mais les événements marchent plus vite que les volontés, et les nouvelles que je reçois de Constantinople révèlent une situation qui semble incompatible, pour le moment du moins, avec l'espoir d'une solution pacifique, et qui commande aux cabinets pénétrés de la nécessité de maintenir l'indépendance et l'intégrité territoriale de l'Empire Ottoman, des résolutions plus arrêtées.

En effet, à cet état mitoyen, qui n'était ni la paix ni la guerre, qui plaçait déjà les armées en présence, mais qui suspendait entre elles tout engagement dans l'espoir d'une heureuse issue des négociations entamées à Vienne, ont succédé, depuis quelques jours, des faits sur le caractère desquels il serait imprudent de se méprendre.

Pendant que l'armée russe se rapproche du Danube, la Porte, malgré les efforts unanimes des représentants de la France, de l'Autriche, de la Grande-Bretagne et de la Prusse, et sans connaître encore le nouveau commentaire que M. le comte de Nesselrode a donné de la note émanée de la conférence, a persisté, pour la seconde fois, dans sa résolution, et déclaré que cette note, dans son texte original, était à jamais inadmissible. Le Divan, à l'unanimité, a remis au Sultan le soin de déclarer la guerre. Les hostilités sont donc imminentes; peut-être même sont-elles commencées.

A côté de l'intérêt qui s'attache à la réconciliation de la Russie avec la Turquie, but que nous ne voulons pas perdre de vue s'il existe encore un moyen de l'atteindre, vient aujourd'hui se placer une autre préoccupation non moins sérieuse : je veux parler des dangers qui menacent un empire dont l'existence est indispensable à l'équilibre de l'Europe. Nous avons loyalement servi le premier de ces intérêts; toutes les traditions de notre politique nous font un devoir de ne pas négliger le second; et l'envoi de l'escadre française d'abord à Salamine, plus tard à Besika, indique assez la vigilance du Gouvernement de l'Empereur.

Le moment est venu de donner suite aux instructions remises à l'ambassadeur de Sa Majesté Impériale à la veille de son départ pour Constantinople, puisque nous touchons aux extrémités que ces instructions prévoyaient et que nous avons vainement essayé de conjurer.

Dans ces graves conjonctures, Monsieur le Comte, nous sentons le besoin de nous entendre avec le Gouvernement de Sa Majesté Britannique, et de lui faire connaître nos intentions. L'Empereur, vous le savez, s'est déjà décidé à transmettre à M. de Lacour l'ordre d'appeler notre escadre à Constantinople et de se concerter, à cet effet, avec lord Stratford de Redcliffe. Il s'agit maintenant de déterminer l'usage qui sera fait de ces forces navales. Leur présence dans les eaux du Bosphore témoignera de l'union intime de la France et de l'Angleterre. Cette preuve éclatante de l'accord des deux grandes puissances maritimes et de leur commune sollicitude pour les destinées de la Turquie donnera à la Porte une force morale qui lui permettra de se tenir dans les conditions d'un Gouvernement régulier, de compter sur la tranquillité de ses populations, et de ne faire appel ni au fanatisme des sentiments religieux, ni à de funestes auxiliaires.

Mais ce n'est pas à ce résultat, si important qu'il soit, que notre démonstration doit se borner. Dans l'opinion de l'Empereur, notre flotte serait également destinée à jouer un rôle dans la défense de l'Empire Ottoman. Elle servirait particulièrement à couvrir Constantinople et à opérer, au besoin, sur les côtes occidentales de la mer Noire, jusqu'à la hauteur de Varna. A ce point, en effet, commence la chaîne des Balkans, qui forme une première barrière, fortement occupée par l'armée turque et offrant des garanties suffisantes contre une invasion par terre. Dans les limites que j'ai indiquées, au contraire, les moyens naturels de défense contre un débarquement sont presque nuls, et des surprises sont possibles. C'est à ces périls soudains qu'il nous appartient de pourvoir.

Je proposerais donc, Monsieur le Comte, de munir M. le vice-amiral Hamelin et M. le vice-amiral Dundas d'instructions qui leur enjoindraient, après avoir consulté nos ambassadeurs, de distribuer les forces qu'ils commandent de façon à ce que la ville de Constantinople se trouve, autant que possible, à l'abri des hostilités, et, dans cette position, à attendre, mais sans la rechercher, l'occasion d'accomplir leur devoir. Faire plus, ce serait donner à notre attitude un caractère agressif qu'elle ne doit point avoir; faire moins, ce serait exposer tous les intérêts que notre but est de sauvegarder.

Veuillez me faire connaître sans retard si ce plan de conduite a l'approbation du Gouvernement de Sa Majesté Britannique, et remettre à lord Clarendon une copie de cette dépêche après lui en avoir donné lecture.

Agréez, etc.

Signé DROUYN DE LHUYS.

Dépêche destinée à être communiquée au Gouvernement autrichien. Le Gouvernement français rappelle à la cour de Vienne que M. Buol ne s'est pas prononcé d'une manière favorable à la Russie, lors de la mission du prince Menschikoff. Il montre la Russie envahissant les Principautés, compromettant les négociations par cet acte de violence, et forçant ainsi le Sultan à lui déclarer la guerre, pour échapper au soulèvement de son peuple. *Le Gouvernement français n'a qu'un but : la conservation de l'Empire Ottoman; qu'un mobile, l'intérêt de l'Europe.*

## N° 26.

*A M. le baron de Bourqueney.*

Paris, le 7 octobre 1853.

Monsieur le Baron, si je ne vous ai pas informé plus tôt de l'impression causée sur le Gouvernement de Sa Majesté Impériale par la communication que M. de Hubner a été chargé de me faire, c'est qu'il m'était indispensable de me concerter avec le cabinet de Londres. Vous avez, d'ailleurs, très-bien pressenti que la situation était changée et que telle garantie qui, donnée à propos, eût été suffisante, perdait de sa force en arrivant trop tard. Nous n'en avons pas moins rendu justice aux efforts tentés en dernier lieu par M. le comte de Buol à Olmutz, et M. le comte Walewski a fait connaître notre manière de voir à lord Clarendon. Malheureusement, Monsieur le Baron, les nouvelles de Constantinople sont venues paralyser notre bonne volonté et nous convaincre en même temps de l'impossibilité de donner suite, pour le moment, aux propositions du cabinet de Vienne.

La question qui s'agitait depuis six mois est, en quelque sorte, revenue à son point de départ; les nuances ont disparu, et l'intérêt qui domine aujourd'hui se trouve être, comme au lendemain de la mission de M. le prince Menschikoff à Constantinople, celui de l'équilibre européen, inséparable à nos yeux de l'existence de l'Empire Ottoman.

M. le comte de Buol ne peut avoir oublié le jugement qu'il a porté, à cette époque, sur les prétentions de la Russie. L'œuvre à laquelle il a contribué comme nous avait pour objet de concilier ces prétentions avec les droits souverains du Sultan; mais cette recherche n'a jamais impliqué, de notre part, ni de la part de l'Autriche, que je sache, une reconnaissance de la légitimité des demandes primitives du cabinet de Saint-Pétersbourg ou de ses griefs, qui sont encore à articuler et qui, de bonne foi, n'ont même plus pour prétexte le règlement de l'affaire des Lieux saints. La lumière s'est faite à cet égard, et il serait oiseux de rentrer dans une discussion épuisée.

Ce qu'il faut se rappeler, c'est que la Russie a envahi sans cause les Principautés, compromis par cet acte de violence le succès des négociations déjà entamées, et provoqué, dans toute la

7

Turquie, le mouvement auquel le Sultan se trouve aujourd'hui contraint de céder. Un seul incident, le refus de la Porte d'adhérer à la note de Vienne a paru, pendant quelques jours, intervertir les rôles. Mais qui pourrait prétendre maintenant que les modifications proposées par Reschid-Pacha fussent inutiles? Elles le sont si peu, que M. le comte de Buol s'est efforcé de leur trouver un équivalent. Ce serait, s'il en était besoin, une justification de la résistance du Divan, et il n'y aurait ni dignité ni logique à vouloir le contraindre à signer un document qui, de l'aveu de tout le monde, est, dans certains de ses passages, d'une obscurité dangereuse. C'est là un rôle que le Gouvernement de Sa Majesté répudie, sans qu'aucun de ses alliés puisse s'étonner de sa résolution.

Sa conduite, en effet, depuis l'origine du différend survenu entre la Russie et la Porte, n'a eu qu'un mobile, l'intérêt général de l'Europe; qu'un but, la conservation de l'Empire Ottoman. Nous avons cru que l'accord des grands cabinets était le meilleur moyen de sauvegarder cet intérêt et d'atteindre ce but; mais nous nous sommes toujours réservé notre liberté d'action, et la part que nous avons prise aux négociations n'a nullement aliéné notre droit de concourir, sous une autre forme à la protection d'un État qui ne saurait ni disparaître ni s'affaiblir sans modifier sensiblement les rapports actuels des puissances. Prenant donc à la fois en considération l'injustice de la querelle faite à la Turquie, injustice que tout le monde a reconnue et constatée lorsqu'elle s'est produite, et la nécessité de garantir cet empire contre une agression capable d'entraîner sa ruine, le Gouvernement de l'Empereur s'est décidé, sous la pression évidente des circonstances, à sortir de la situation expectante qu'il s'était fait un devoir de garder tant que les chances d'une collision lui avaient paru ou peu probables ou lointaines.

Vous trouverez ci-joint copie, Monsieur le Baron, de la cor-

respondance échangée, dans ces derniers jours, entre moi et
M. le comte Walewski. Mes dépêches et celles de l'ambassadeur
de Sa Majesté Impériale à Londres vous mettront complétement
au courant de la situation. Le langage que M. le comte de Buol
vous a tenu, à son retour d'Olmutz, au sujet de l'entrée prévue
des escadres réunies dans les Dardanelles, me donne lieu d'espérer, puisque ce ministre ne se méprenait pas sur le véritable
sens de notre démonstration, que le cabinet de Vienne, sans
adopter la même attitude que nous, admet néanmoins les exigences de notre politique.

Cette communauté dans les appréciations suppose, j'aime à
le croire, une communauté dans les sentiments. Quant à celle
des intérêts, Monsieur le Baron, elle existe, et il ne faudrait
pas remonter bien loin pour en trouver la preuve. Il suffit, pour
cela, de consulter les souvenirs de l'homme d'État éminent qui
présidait, en 1828, les conseils de l'Autriche, et l'on ne compren-
drait guère que la puissance dont la sollicitude était si vivement
et si justement éveillée, à cette époque, par la marche d'une
armée russe vers le Danube et les Balkans, prît aujourd'hui son
parti d'événements qu'il dépend d'elle d'empêcher.

Je sais, il est vrai, que l'explosion révolutionnaire de 1848
a forcé les gouvernements à subordonner les calculs de leur
politique traditionnelle aux nécessités de leur existence compromise par les plus détestables passions; mais il est également
vrai, Monsieur le Baron, et un ministre de l'Empereur peut le
dire avec quelque orgueil, que l'ordre est rétabli en Europe et
que les grands intérêts des peuples ont repris, dans les conseils
des souverains, leur place légitime. Comprendre ces intérêts et
les servir résolûment, c'est, j'en suis convaincu, le meilleur
moyen de réduire à néant les coupables espérances d'un parti
vaincu et qui ne rencontrerait les chances d'un succès éphémère
que dans une division des puissances, causée, non par une di-

7.

vergence d'intérêts, puisque l'existence de l'Empire Ottoman est un des principes fondamentaux de l'ordre européen, mais par des craintes peu réfléchies ou d'injustes défiances.

Recevez, etc.

Signé DROUYN DE LHUYS.

# N° 27.

*A M. Baudin, chargé d'affaires à Londres.*

Paris, le 23 novembre 1853.

Monsieur, M. le comte de Buol nous a demandé de préparer le projet de note collective à adresser à la Porte pour s'enquérir de ses dispositions actuelles, ainsi que les instructions dont il faudra munir nos représentants à Constantinople. J'ai l'honneur de vous envoyer deux pièces qui me semblent répondre à cet objet, et je vous prie de les communiquer sans retard à lord Clarendon.

M. de Buol nous avait posé la question de savoir si les documents émanés de la conférence devaient être signés par elle ou simplement transmis par ses soins à nos représentants à Constantinople. Je n'ai pas hésité à me prononcer pour le premier terme de l'alternative; et je ne doute pas que lord Clarendon ne trouve, comme moi, préférable de laisser à la conférence elle-même toute la responsabilité de ses actes.

Il me semblerait très-utile, d'ailleurs, que la conférence dressât un protocole qui préciserait le but de sa réunion et auquel seraient annexées les deux pièces transmises à Constantinople. Vous trouverez ci-joint un projet de rédaction que nous serions prêts à signer.

Recevez, etc.

Signé DROUYN DE LHUYS.

S. Exc. M. le ministre des affaires étrangères fait part à M. le général Baraguay-d'Hilliers, ambassadeur à Constantinople, des nouveaux efforts faits par l'Empereur des Français, l'Empereur d'Autriche, la Reine de la Grande-Bretagne et le Roi de Prusse, pour faire cesser les hostilités entre la Turquie et la Russie. Il lui donne toutes les instructions nécessaires pour qu'il fasse agréer par le Sultan la nouvelle note émanée des quatre puissances, et qui sera transmise également à Saint-Pétersbourg. La Turquie et la Russie traiteront et discuteront leurs intérêts directement, sauf à s'aboucher dans des conférences où siégeront la France, la Prusse, l'Angleterre et l'Autriche.

## N° 28.

*A M. le général Baraguay-d'Hilliers, ambassadeur à Constantinople*

Paris, le 28 novembre 1853.

Général, le Gouvernement de S. M. l'Empereur et ceux de LL. MM. l'Empereur d'Autriche, la Reine de la Grande-Bretagne et d'Irlande et le Roi de Prusse n'ont vu qu'avec le plus vif regret la guerre éclater entre la Russie et la Turquie ; et , dans le but d'abréger le plus possible les hostilités et d'opérer entre les parties belligérantes un rapprochement d'un grand intérêt pour l'Europe, ils ont pensé qu'il était devenu nécessaire de donner un lien collectif à leurs efforts.

La note que les représentants des quatre puissances à Vienne ont reçu l'ordre d'adresser directement à S. Exc. Reschid-Pacha, et dont ils ont dû vous transmettre une copie, est un nouveau et un plus complet témoignage de l'identité de vues de leurs cours et de leur vif désir de contribuer par leur union au rétablissement de la paix. Je ne doute pas, Général, de tout votre empressement à seconder par vos démarches cette tentative de conciliation, et il ne me reste plus qu'à vous indiquer les conseils que vous aurez à faire entendre, avec vos collègues, aux ministres de S. M. le Sultan.

Les divers documents émanés de la Sublime Porte et le caractère de modération dont ils sont empreints nous autorisent à espérer que vous trouverez Reschid-Pacha disposé à reconnaître que les propositions dont les quatre cours prennent l'initiative sont aussi conformes aux intérêts qu'à la dignité de l'Empire Ottoman. Nous posons loyalement à la Sublime Porte une question à laquelle elle répondra de même. Nous sommes convaincus qu'elle circonscrira le débat qui s'agite entre elle et le cabinet de Saint-Pétersbourg dans ses véritables limites, et que tous ses soins tendront à le résoudre, sans y mêler des éléments étrangers à la guerre actuelle.

Dans cet espoir, et tout en reconnaissant qu'il appartient au gouvernement turc de répondre à la communication qui lui est faite dans les termes que lui suggérera sa sagesse, nous croyons cependant pouvoir vous charger de signaler à son attention les points sur lesquels il serait sûr de nous trouver d'accord avec lui.

La Sublime Porte déclarerait d'abord que l'Autriche, la

France, la Grande-Bretagne et la Prusse n'ont pas trop présumé de ses intentions conciliantes en la croyant toujours animée du désir de terminer à des conditions honorables le différend qui s'est élevé entre elle et la Russie, et de s'entendre avec cette puissance. Prenant acte de l'assurance que la Russie a donnée à diverses reprises qu'elle ne réclame pas de concessions nouvelles ni de droits attentatoires à la souveraineté du Sultan, le Divan se dirait prêt à renouveler les offres et à discuter la forme dans laquelle la paix sera rétablie et la question religieuse réglée, à la seule condition de n'avoir à accéder à aucune des demandes qu'il a déjà refusées, et de conclure un arrangement pour l'évacuation des Principautés.

Cette discussion aurait naturellement lieu entre un négociateur ottoman et un négociateur russe munis de pleins pouvoirs pour traiter; mais, afin de faciliter l'accord des deux parties, les plénipotentiaires ainsi désignés ne se réuniraient pas seuls : ils s'aboucheraient dans des conférences où la France, l'Autriche, la Grande-Bretagne et la Prusse seraient également représentées.

Les raisons que nous comprenons ne permettraient pas, sans doute, à la Sublime Porte de négocier avec la Russie dans une partie de son territoire occupée par les armées de cette puissance; la Russie, de son côté, aurait des objections à élever contre toute autre ville de la Turquie; il conviendrait donc de laisser aux deux parties le soin de s'entendre pour faire choix d'un terrain neutre, et nous nous abstenons, à cet égard, d'aucune désignation prématurée.

Le but que les quatre cours se proposent ne serait pas, du reste, atteint, si l'ouverture des pourparlers préliminaires de la paix n'était pas en même temps le signal de la cessation des hostilités. Or, nous croyons que la Sublime Porte n'aurait aucune bonne raison à opposer à la conclusion d'un armistice dont les conditions de détail seraient ultérieurement débattues, si elle obtenait de nous l'assurance que les termes dans lesquels elle se déclarerait disposée à traiter seraient également acceptés par la Russie.

C'est, en tous cas, une demande qu'elle peut nous adresser ; et, dans l'hypothèse où les termes proposés par le Gouvernement ottoman ne seraient pas tels que la Russie dût probablement consentir au débat des négociations, nous conseillerions encore l'envoi d'un plénipotentiaire turc et la désignation d'une ville neutre où les plénipotentiaires de Russie et de Turquie pourraient se rencontrer avec les représentants des quatre cours.

Les divers points que je viens de passer en revue, et les observations dont je les ai accompagnés, ont le complet assentiment de l'Autriche, de l'Angleterre et de la Prusse, et il est, en conséquence, à souhaiter que Reschid-Pacha les envisage de même et en fasse le fond de la communication que nous attendons tous de lui. C'est vous dire d'avance l'accueil que cette communication recevra, et nous aurions peine à comprendre que, mettant en balance les avantages qu'une telle combinaison offre à l'Empire Ottoman avec les risques toujours si incertains de la guerre, la Sublime-Porte hésitât à entrer dans la voie que lui ouvre une intervention amicale.

Je vous invite, Général, à vous rendre, avec vos collègues, chez Reschid-Pacha, pour lui donner lecture de cette dépêche, et à la fortifier de l'autorité de vos conseils.

Agréez, etc.

Signé DROUYN DE L'HUYS.

Ce protocole signé par les représentants de la France, de l'Angleterre, de l'Autriche et de la Prusse, est une véritable et nouvelle consécration de l'intégrité de l'Empire Ottoman; il contient une adhésion implicite à la politique suivie par la France et l'Angleterre, depuis l'origine de la question d'Orient.

## Nº 29.

*Protocole d'une conférence tenue au Ministère des affaires étrangères à Vienne, le 5 décembre 1853.*

*Présents :* Les représentants d'Autriche, de France, d'Angleterre et de Prusse.

Les soussignés, représentants d'Autriche, de France, de Grande-Bretagne et de Prusse, conformément aux instructions de leurs cours, se sont réunis en conférence, à l'effet de rechercher les moyens d'aplanir le différend survenu entre la cour de Russie et la Sublime Porte.

Les proportions que ce différend a prises, et la guerre qui a éclaté entre les deux empires malgré les efforts de leurs alliés, sont devenues, pour l'Europe entière, l'objet des plus sérieuses préoccupations. En conséquence, Leurs Majestés l'Empereur d'Autriche, l'Empereur des Français, la Reine du Royaume-Uni de Grande-Bretagne et d'Irlande, et le Roi de Prusse, également pénétrés de la nécessité de mettre un terme à ces hostilités, qui ne pourraient se prolonger sans affecter les intérêts de leurs propres États, ont résolu d'offrir leurs bons offices aux deux hautes parties belligérantes, dans l'espoir qu'elles ne voudront pas elles-mêmes encourir la responsabilité d'une conflagration, alors que, par un échange de loyales explications, elles peuvent encore la prévenir en replaçant leurs rapports sur un pied de paix et de bonne entente.

Les assurances données, à différentes reprises, par Sa Majesté l'Empereur de Russie, excluent de la part de cet auguste souverain, l'idée de porter atteinte à l'intégrité de l'Empire Ottoman.

L'existence de la Turquie, dans les limites que les traités lui ont assignées, est en effet devenue une des conditions nécessaires de l'équilibre européen, et les plénipotentiaires soussignés constatent avec satisfaction que la guerre actuelle ne saurait, en aucun cas, entraîner dans les circonscriptions territoriales des deux Empires des modifications susceptibles d'altérer l'état de possession que le temps a consacré en Orient, et qui est également nécessaire au repos de toutes les autres puissances.

Sa Majesté l'Empereur de Russie ne s'est, du reste, point bornée à ces assurances; elle a fait déclarer que son intention n'avait jamais été d'imposer à la Porte des obligations nouvelles, ou qui ne fussent pas exactement conformes aux traités de Koutschouk, Caïnardji et d'Andrinople; stipulations d'après lesquelles la Sublime Porte a promis de protéger, dans toute l'étendue de ses États, le culte chrétien et ses églises. La cour de Russie a ajouté qu'en réclamant du Gouvernement ottoman un témoignage de sa fidélité à des engagements antérieurs, elle n'avait nullement entendu amoindrir l'autorité du Sultan sur ses sujets chrétiens, et que son but unique avait été de demander des éclaircissements de nature à prévenir toute équivoque et tout motif de mésintelligence avec une puissance amie et voisine.

Les sentiments manifestés par la Sublime Porte pendant les dernières négociations attestent, d'un autre côté, qu'elle était prête à reconnaître toutes ses obligations contractuelles et à tenir compte, dans la mesure de ses droits souverains, de l'intérêt de Sa Majesté l'Empereur de Russie pour un culte qui est le sien et celui de la majorité de ses peuples.

Dans cet état de choses, les soussignés sont convaincus que le moyen le plus prompt et le plus sûr d'atteindre le but désiré par leurs cours serait de faire en commun une communication à la Sublime Porte pour lui exposer le vœu des puissances de contribuer par leur intervention amicale au rétablissement de la paix, et la mettre en demeure de faire connaître les conditions auxquelles elle serait disposée à traiter.

Tel est le but de la note collective ci-jointe, adressée au ministère des affaires étrangères du Sultan, et des instructions identiques transmises en même temps par les cours d'Autriche, de France, de Grande-Bretagne et de Prusse à leurs représentants à Constantinople.

Signé BUOL-SCHAUENSTEIN, BOURQUENEY,
WESTMORELAND, ARNIM.

Le Gouvernement français apprend la catastrophe de Sinope. La Russie, qui avait promis de rester sur la défensive, a pris l'offensive, presque en vue des pavillons anglais et français, et comme pour les braver. Cet événement impose de nouveaux devoirs aux deux grandes puissances; il est une atteinte à leur honneur national. Les flottes devront entrer dans la mer Noire et protéger les convois turcs, pour empêcher le renouvellement du massacre de Sinope.

## N° 30.

*A M. le général Baraguay-d'Hilliers.*

Paris, le 13 décembre 1853.

Général, la dépêche télégraphique que vous m'avez fait l'honneur de m'écrire, en date du 3 de ce mois, m'est parvenue hier soir; mais je connaissais déjà par une autre voie la destruction de la flottille ottomane mouillée dans la rade de Sinope. Cet événement a causé une pénible impression au Gouvernement de Sa Majesté Impériale. Nos alliés ont subi un échec dans des circonstances et sur un élément où la démonstration commune de la France et de l'Angleterre avait précisément pour objet de les protéger, et nous ne saurions nous dissimuler que le coup hardi et heureux que la Russie vient de frapper n'atteint pas seulement la Turquie.

Vous m'annoncez, Général, que, d'accord avec lord Stratford, vous vous êtes empressé d'envoyer en reconnaissance deux bâtiments à vapeur jusqu'à hauteur de Sinope. Vous avez jugé avec raison que notre pavillon ne pouvait pas tarder davantage à paraître dans la mer Noire, et je vous invite, en vous inspirant de vos instructions, à user de toute la latitude qu'elles vous donnent, pour autoriser l'amiral Hamelin à combiner sans retard les mouvement de notre escadre de façon à rendre impossible le retour d'un événement semblable à celui que nous déplorons, et à détruire l'effet moral qu'il n'aura pas manqué de produire.

Le Gouvernement de l'Empereur s'en remet avec confiance à vos inspirations personnelles; il est néanmoins une opération qui me semble tout indiquée, c'est celle qui aurait pour but de ravitailler, soit en hommes, soit en vivres, l'armée d'Anatolie et les places du littoral : l'assistance que nous prêterions à la flotte turque, aujourd'hui qu'une escadre de Sébastopol a pris l'offensive contre le territoire ottoman, ne serait plus qu'un acte entièrement conforme aux devoirs que nous avons acceptés en faisant avancer nos forces navales jusqu'à Constantinople.

L'adhésion de la Porte aux ouvertures de la conférence de Vienne ne devrait pas, dans l'opinion du Gouvernement de Sa Majesté Impériale, suspendre l'entrée de tout ou partie de notre escadre dans le mer Noire; le danger d'une nouvelle attaque subsistera tant qu'un armistice n'aura pas été conclu, et cette appréhension suffit pour expliquer de notre part une surveillance qui est devenue nécessaire dans le double intérêt de la Turquie et de notre propre dignité. Je transmets à M. le comte Walewski une copie de cette dépêche, pour qu'il la communique à lord Clarendon.

Agréez, etc.

Signé DROUYN DE LHUYS.

La dépêche n° 31, adressée à M. le comte Walewski, ambassadeur français à Londres, a pour but de proposer à l'Angleterre de signifier collectivement à l'amiral Menschikoff «que les deux puissances sont résolues à prévenir la répétition de l'affaire de Sinope.» Tout bâtiment russe rencontré en mer sera dorénavant invité à rentrer à Sébastopol. Toute agression tentée contre le territoire ou le pavillon turc sera repoussée par la force. La mer Noire sera ainsi conservée comme *un gage*, jusqu'à l'évacuation des Principautés et jusqu'au rétablissement de la paix.

## N° 31.

*A M. le Comte Walewski.*

Paris, le 16 décembre 1853.

Monsieur le Comte, je vous ai fait connaître la première impression du Gouvernement de l'Empereur à la nouvelle de la destruction de la flottille ottomane dans la rade de Sinope, et je ne doutais pas qu'elle ne fût complétement partagée par le Gouvernement de Sa Majesté Britannique. Je vois, par la dépêche télégraphique de lord Stratford, que lord Clarendon a bien voulu vous communiquer, que nos représentants à Constantinople ont tout de suite compris la nécessité d'une démonstration de nos forces navales dans la mer Noire, et je me plais à penser qu'au retour des frégates à vapeur envoyées en reconnaissance à Bourgas et à Sinope même, ils n'auront pas hésité à faire sortir du Bosphore le gros des deux escadres. L'opération qu'ils se proposent de seconder, et qui est celle dont lord Clarendon et moi nous avions eu également l'idée, sera un premier indice de la surveillance qu'il est devenu nécessaire d'exercer sur une côte où nous n'avions pas supposé qu'une agression pût si vite se produire.

En effet, nos dernières informations de Saint-Pétersbourg nous représentaient encore la Russie comme disposée à traiter, et décidée surtout à ne prendre nulle part l'offensive. Cette confiance expliquait l'immobilité de nos flottes. Il nous paraissait suffire que la présence de notre pavillon dans les eaux de Constantinople attestât notre ferme intention de protéger cette capitale contre un danger soudain, et nous ne voulions pas que notre apparition prématurée dans des parages plus rapprochés du territoire russe risquât d'être prise pour une provocation.

L'état de guerre rendait sans doute une collision possible sur mer comme sur terre entre les parties belligérantes, mais nous avions été autorisés à inférer des déclarations réitérées de la Russie que notre réserve serait imitée par elle, et que, ne se méprenant point sur le véritable but de notre démonstration, elle éviterait avec le même soin que nous les occasions d'une rencontre, en s'abstenant de procéder à des mesures agressives dans des limites où, si nous avions pu la croire animée d'intentions différentes, notre action aurait naturellement dû s'exercer concurremment avec la sienne.

En un mot, Monsieur le Comte, nous admettions, sans le dire cependant, que la flotte de Sébastopol protégeât le littoral asiatique de l'Empire Russe, en éclairât les approches, en ravitaillât les garnisons ; et dans aucune de ces circonstances, nous n'aurions eu à intervenir pour gêner ses mouvements. C'eût été attaquer la Russie, et nous n'avions franchi les Dardanelles que pour défendre la Turquie.

L'expédition dirigée contre Sinope a donc dépassé toutes nos

8

prévisions : ce fait modifie également le rôle que nous aurions désiré pouvoir garder jusqu'au bout. A l'usage que nous lui laissions de la mer, dans l'intérêt de sa défense, la Russie a substitué comme une sorte d'abus de sa position pour attaquer notre allié dans ses ports ; et, non contente d'exercer une souveraineté illégale dans les Principautés du Danube, elle semble vouloir encore étendre, avec toutes les horreurs de la guerre, sa domination absolue sur l'Euxin.

Lorsque le Gouvernement de Sa Majesté Impériale et celui de Sa Majesté Britannique ont décidé le mouvement de leurs es cadres vers Constantinople, il avait été question, vous vous le rappelez, d'inviter nos amiraux à informer le commandant en chef des forces navales russes de l'objet de leur mission. Le moment est venu d'accomplir cette démarche, puisque nos ménagements n'ont, en définitive, servi qu'à empirer la situation. Je propose donc, Monsieur le Comte, d'ordonner à MM. les vice-amiraux Hamelin et Dundas de déclarer à M. le prince Menschikoff ou à M. le vice-amiral Korniloff que les Gouvernements de France et d'Angleterre sont résolus à prévenir la répétition de l'événement de Sinope ; que tout bâtiment russe rencontré en mer par les nôtres sera dorénavant invité à rentrer dans le port de Sébastopol, et que toute agression tentée, malgré cet avertissement, contre le territoire où le pavillon ottoman, sera repoussée par la force.

Par suite de cette déclaration, nous nous trouverons, conjointement avec la Turquie, les maîtres d'un vaste bassin qui baigne les provinces à la fois les plus importantes et les plus exposées de l'Empire russe ; et à l'occupation de la Moldavie et de la Valachie, nous opposerons, tant qu'elle durera, une occupation correspondante dont les conséquences seront assurément plus graves pour le cabinet de Saint-Pétersbourg que celles de la prise de possession des Principautés ne sauraient l'être pour la Porte. Ou l'armée commandée par M. le général Gortschakoff

repassera le Pruth, ou nos vaisseaux, autant que la saison le permettra, croiseront dans l'Euxin et intercepteront toutes communications maritimes de la Russie avec ses provinces asiatiques.

Nous conserverions ainsi la mer Noire comme un gage, jusqu'à l'évacuation des Principautés et le rétablissement de la paix.
En attendant, l'influence de l'Occident, presque inconnue dans
ces parages, y pénétrera : les dangers auxquels notre présence
exposera une domination mal assise, les rapports et les intérêts
nouveaux qu'elle peut développer dans des contrées perdues
pour le commerce du monde, tels sont, Monsieur le Comte,
les sérieux motifs de réflexion qu'une pareille démonstration,
accomplie avec vigueur, est faite pour inspirer au cabinet de
Saint-Pétersbourg.

L'attitude de ce cabinet, les prétentions qu'il a affichées,
l'envahissement de la Moldavie et de la Valachie en pleine paix,
l'agression hardie dont Sinope était le théâtre il y a peu de
jours, tout cet ensemble de circonstances annonce des
vues et des résolutions que l'Europe ne saurait changer qu'en
prenant à son tour un parti énergique, et je n'en vois pas, pour
le moment, de plus efficace que celui que je viens d'indiquer.
La France et l'Angleterre, par l'indépendance de leur politique
et les moyens dont elles disposent, se trouvent appelées à se
décider les premières.

C'est une tâche, Monsieur le Comte, que le Gouvernement
de l'Empereur est prêt, pour sa part, à accepter si le Gouvernement de Sa Majesté Britannique est, de son côté, disposé à
la soutenir avec lui. La volonté de Sa Majesté Impériale est
donc que vous en transmettiez l'assurance à lord Clarendon, en
lui remettant copie de cette dépêche.

Agréez, etc.

Signé DROUYN DE LHUYS.

8.

Tout en occupant la mer Noire comme un gage qui contrebalance l'occupation des Principautés, la France et l'Angleterre n'abandonnent pas le terrain diplomatique où se sont placées l'Autriche et la Prusse. Elles profiteront, au contraire, de la prise de possession de la mer Noire pour amener la Turquie à adhérer complétement aux propositions de Vienne. Quand la Turquie, en effet, verra qu'elle est hautement protégée par les deux grandes puissances occidentales, elle suivra leurs conseils avec plus de confiance.

## N° 32.

*A M. le général Baraguey d'Hilliers.*

Paris, le 28 décembre 1853.

Général, depuis la dépêche que j'ai eu l'honneur de vous écrire en date du 13 de ce mois, un examen approfondi de la situation nous a convaincus qu'il était indispensable d'imprimer à notre attitude un caractère plus décidé; vous en jugerez par la dépêche ci-jointe, que j'ai écrite à M. le comte Walewski. Assister à la lutte qui a commencé en Orient sans chercher à en restreindre les effets, ce serait exposer l'Empire Ottoman à des épreuves que l'intérêt général de l'Europe commande de lui épargner.

Le Gouvernement de l'Empereur et le Gouvernement de Sa Majesté Britannique ont, en conséquence, décidé que MM. les vice-amiraux Hamelin et Dundas ne devaient plus tarder davantage à informer de l'objet de leur mission M. le commandant en chef des forces navales russes. Vous veillerez, Général, à ce que cette démarche s'accomplisse dans les formes les plus convenables, mais avec assez de netteté pour qu'aucune méprise ne soit possible. Nos amiraux annonceront à qui de droit qu'ils ont reçu l'ordre de déclarer que les Gouvernements de France et d'Angleterre sont résolus à prévenir la répétition de l'événement de Sinope; que tout bâtiment de guerre russe rencontré en mer par les nôtres sera dorénavant invité et contraint à rentrer à Sébastopol ou dans le port le plus voisin, et que toute agression tentée contre le territoire ou le pavillon ottoman leur imposerait la pénible obligation de repousser la force par la force.

En arrêtant de si graves mesures, en prêtant à la Turquie un appui qui témoigne si hautement de leur bienveillant intérêt pour elle, la France et l'Angleterre ne veulent pas abandonner le terrain où l'Autriche et la Prusse se sont placées avec elles. Loin de là, le Gouvernement de l'Empereur et celui de Sa Majesté Britannique ont le ferme espoir que leurs nouvelles résolutions, dans le cas où la Porte n'aurait pas complétement accédé aux propositions des quatre puissances, serviront à vaincre toutes ses hésitations.

Du moment où nous protégeons la Turquie, où nous voulons empêcher qu'elle ne soit, au détriment de l'Europe entière, accablée par des forces supérieures, nous avons le droit et le devoir de lui demander d'adhérer à des conditions qui nous paraissent faites pour sauvegarder sa dignité et son indépendance. Agir autrement, ce serait rompre l'accord qui s'est établi si heureusément entre les grandes puissances, et que nous voulons maintenir ; ce serait compromettre nous-mêmes le repos du monde, et encourager la continuation d'une guerre dont nous aurions cessé de reconnaître la légitimité.

En résumé, si la France et l'Angleterre, à raison des moyens dont elles disposent, acceptent dès à présent la nécessité d'agir avec plus d'énergie, elles restent, quant au but à atteindre, étroitement liées à l'Autriche et à la Prusse, et le rétablissement de la paix, sur les bases posées dans les conférences de Vienne, demeure le vœu le plus ardent des quatre puissances. La Porte comprendra qu'en retour de nos sacrifices, elle nous doit l'assurance que nous la trouverons toujours prête, à quelque moment que les négociations puissent s'ouvrir, à contribuer à leur succès par ses loyaux efforts, et qu'elle n'émettra pas de nouvelles prétentions de nature à changer le caractère du débat qui a surgi entre elle et le cabinet de Saint-Pétersbourg.

Dans ces limites, le Gouvernement de l'Empereur et celui de Sa Majesté Britannique ont la conviction de soutenir le bon droit, et la présence de leurs flottes dans la mer Noire devient pour l'Europe une garantie du maintien de l'existence de l'Empire Ottoman, dans des conditions qu'elle a proclamées nécessaires à son équilibre politique.

Agréez, etc.

Signé DROUYN DE LHUYS.

Cette dépêche, adressée à M. l'ambassadeur français à Saint-Pétersbourg, contient un récit clair, concis, marqué au coin d'une haute impartialité, des divers incidents du conflit. Elle met en lumière tout ce que l'événement de Sinope a eu d'inattendu, d'étrange, de peu compatible avec les assurances et les promesses émanées du Gouvernement russe. Elle donne son véritable caractère à l'entrée des flottes dans la mer Noire. Les deux puissances occidentales ont pris un *gage* « qui leur assure le rétablissement de la « paix en Orient à des conditions qui ne changent pas la « distribution des forces respectives des grands États de « l'Europe. » Elle termine en faisant un appel à la sagesse du Gouvernement de Saint-Pétersbourg.

## N° 33.

*A M. le général de Castelbajac.*

Paris, le 29 décembre 1853.

Général, les affaires d'Orient prennent une tournure trop grave pour que je ne veuille pas, au moment même où les circonstances imposent de nouveaux devoirs au Gouvernement de Sa Majesté Impériale, vous rappeler les efforts que nous n'avons cessé de faire dans le but de prévenir les complications dont l'Europe est si sérieusement menacée.

La question des Lieux Saints, mal présentée ou mal comprise, avait excité les alarmes du cabinet de Saint Pétersbourg; nous avons essayé de calmer ces inquiétudes par de loyales et complètes explications. Il nous avait paru que, tout en réservant les droits de la Porte, un débat de cette nature gagnerait à être éclairci loin du théâtre où il était né. Notre opinion n'a pas été partagée par la Russie, et M. le prince Menschikoff a reçu l'ordre de se rendre à Constantinople. Je me bornerai à dire que, si nous avions eu les vues exclusives que l'on nous supposait, que si la revendication de nos anciens et incontestables priviléges n'eût pas été soutenue avec autant de modération, la mission de cet ambassadeur extraordinaire serait tout de suite devenue l'objet d'un conflit que nous avons su éviter.

L'affaire des sanctuaires de Jérusalem assoupie, et, d'après le témoignage de M. le comte de Nesselrode lui-même, réglée d'une manière satisfaisante, une autre difficulté s'est élevée. M. le prince Menschicoff a réclamé des garanties pour le maintien des priviléges de l'Église grecque. Le cabinet de Saint-Pétersbourg n'établissait par aucun fait particulier que ces priviléges eussent été violés, et la Porte, au contraire, confirmait solennellement les immunités religieuses de ses sujets chrétiens.

Animé du désir d'apaiser un différend qui, s'il concernait d'un côté les droits souverains du Sultan, de l'autre touchait à la conscience de S. M. l'Empereur Nicolas, le Gouvernement de Sa Majesté Impériale, d'accord avec celui de Sa Majesté Britannique, a recherché avec soin le moyen de concilier les intérêts, à la fois si délicats et si complexes, qui s'y trouvaient engagés. Le cabinet de Saint-Pétersbourg ne peut avoir oublié le zèle et la loyauté que nous avons mis à remplir cette tâche difficile; il ne saurait davantage disconvenir que la résistance de la Porte à accéder à un premier plan de transaction, émané de la conférence de Vienne, n'a pas été la seule cause de notre insuccès.

Pendant le cours de ces diverses négociations, des faits graves s'étaient produits : une armée russe avait franchi le Pruth et envahi en pleine paix deux provinces de l'Empire Ottoman. Les escadres de France et d'Angleterre avaient dû se rapprocher des Dardanelles, et dès cette époque, si le Gouvernement de Sa Majesté Impériale l'eût voulu, ses forces navales auraient mouillé dans les eaux de Constantinople. Cependant, s'il a jugé nécessaire d'établir son droit, ce n'a été en quelque sorte que pour faire ressortir davantage sa modération. La nature des rapports de la Russie avec la Sublime Porte était devenue trop anormale pour que l'état de guerre ne succédât point à l'état de paix, ou, pour mieux dire, il fallait que les choses reprissent leur véritable nom, et que l'agression dont le territoire turc avait été l'objet produisît ses conséquences. Ce changement dans la situation a nécessité un nouveau mouvement de notre escadre, et, à la demande du Sultan, le pavillon français a paru dans le Bosphore en même temps que le pavillon britannique.

Toutefois, Général, nous n'avions pas renoncé à l'espoir d'un arrangement, et, d'accord avec l'Autriche et la Prusse, comme déjà nous l'étions avec l'Angleterre, nous poursuivions encore un but pacifique. Des propositions nouvelles, au succès desquelles nous ne cesserons d'employer nos efforts, ont été adressées à la Porte par les représentants des quatre puissances.

Aucun traité conclu avec la Russie n'interdisait à nos vaisseaux de guerre la navigation de la mer Noire. Le traité du 13 juillet 1841, en fermant en temps de paix les passages des Dardanelles et du Bosphore, réservait au Sultan la faculté de les ouvrir en temps de guerre, et, du jour où Sa Hautesse nous avait laissé le libre accès des détroits, celui de l'Euxin nous était légalement acquis. Les mêmes motifs qui nous avaient retenus si longtemps dans la baie de Besika arrêtaient notre escadre dans la rade de Beïkos. Le Gouvernement de Sa Majesté Impériale avait à cœur de témoigner jusqu'au bout des sentiments d'amitié qu'il professe pour la Russie, et de rejeter aux yeux du monde la responsabilité d'une aggravation dans un état de choses que tous ses ménagements n'étaient point parvenus à modifier. Il se plaisait à penser, d'ailleurs, d'après le contenu de vos plus récentes dépêches, que le cabinet de Saint-Pétersbourg, satisfait d'une prise de possession qu'il considérait comme un gage, ne prendrait nulle part l'offensive dans la lutte qu'il a si malheureusement commencée avec la Turquie. Il nous paraissait suffire que la présence de notre pavillon dans les eaux de Constantinople attestât notre ferme intention de protéger cette capitale contre un danger soudain, et nous ne voulions pas que son apparition prématurée dans des parages plus rapprochés du territoire russe risquât de passer pour une provocation.

L'état de guerre rendait, sans doute, une collision possible sur mer comme sur terre entre les parties belligérantes; mais nous avions été autorisés à croire que notre réserve serait imitée par la Russie, et que ses amiraux éviteraient avec le même soin que les nôtres les occasions d'une rencontre, en s'abstenant de procéder à des mesures d'aggression dans des limites où, si nous avions pu supposer le cabinet de Saint-Pétersbourg animé d'intentions différentes, notre escadre aurait certainement exercé une serveillance plus active.

L'événement de Sinope, Général, s'est donc produit en dehors de toutes nos prévisions, et ce fait déplorable modifie également l'attitude que nous aurions désiré garder.

L'accord qui s'est opéré récemment à Vienne entre la France, l'Autriche, l'Angleterre et la Prusse, a établi le caractère européen du différend qui existe entre la Russie et la Porte. Les quatre cours ont solennellement reconnu que l'intégrité territoriale de l'Empire ottoman était une des conditions de leur équilibre politique. L'occupation de la Moldavie et de la Valachie constitue une première atteinte à cette intégrité, et il n'est pas douteux que les chances de la guerre ne puissent encore l'entamer davantage. M. le comte de Nesselrode, il y a quelques mois, représentait comme une compensation nécessaire à ce qu'il appelait notre *occupation maritime* l'envahissement des principautés du Danube. A notre tour, Général, nous croyons qu'il est devenu indispensable de mesurer nous-mêmes l'étendue de la compensation à laquelle nous donnent droit et notre titre de puissance intéressée à l'existence de la Turquie et les positions militaires déjà prises par l'armée russe : il nous faut un gage qui nous assure le rétablissement de la paix en Orient à des conditions qui ne changent pas la distribution des forces respectives des grands États de l'Europe.

Le Gouvernement de Sa Majesté Impériale et le Gouvernement de Sa Majesté Britannique ont, en conséquence, décidé que leurs escadres entreraient dans la mer Noire, et combineraient leurs mouvements de façon à empêcher le territoire ou le pavillon ottoman d'être en butte à une nouvelle attaque de la part des forces navales de la Russie. MM. les vice-amiraux Hamelin et Dundas vont recevoir l'ordre de communiquer, à qui de droit, l'objet de leur mission, et nous nous plaisons à espérer que cette démarche loyale préviendra des conflits que nous ne verrions éclater qu'avec le plus vif regret.

Le Gouvernement de l'Empereur, je le répète, n'a qu'un but, celui de contribuer à opérer, à des conditions honorables, un rapprochement entre les deux parties belligérantes; et, si les circonstances l'obligent à se prémunir contre des éventualités redoutables, il conserve la confiance que le cabinet de Saint-Pétersbourg, qui a donné de si nombreux exemples de sa sagesse, ne voudra pas exposer l'Europe, à peine remise de ses secousses, à des épreuves que la haute raison des souverains a su lui épargner depuis de si longues années.

Je vous autorise à donner lecture de cette dépêche à M. le comte de Nesselrode.

Recevez, etc.

Signé DROUYN DE LHUYS.

N° 34.

*A M. le comte Walewsky.*

Paris, le 5 janvier 1854.

Monsieur le Comte, je viens d'avoir avec lord Cowley un entretien au sujet de la meilleure marche à suivre pour relier les négociations de Constantinople à celles de Vienne. J'ai passé en revue, avec M. l'ambassadeur d'Angleterre les trois hypothèses qui sont possibles :

1° Ou nos représentants, après avoir obtenu l'agrément de la Porte à leurs propositions, lui auront conseillé d'en informer directement la Conférence et de répondre ainsi à la note collective émanée d'elle. Dans ce cas, la Conférence ne devrait pas hésiter à se mettre elle-même en communication avec le cabinet de Saint-Pétersbourg;

2° Ou la réponse de la Porte aura été adressée séparément et en termes identiques aux quatre représentants, et transmise à Vienne par ces derniers;

3° Ou cette réponse, enfin, aura été envoyée aux Gouvernements, sans passer par Vienne.

Dans la seconde hypothèse, la Conférence se trouverait tout naturellement saisie de l'affaire; dans la troisième, il conviendrait que les Gouvernements qui l'ont constituée s'empressassent de reconnaître sa compétence et de lui communiquer les pièces sur lesquelles elle aurait à délibérer. C'est cette idée, Monsieur le Comte, que je vous exprimais déjà dans ma précédente dépêche.

Par quelque voie que la Conférence fût mise en possession de la réponse de la Porte, du moment où cette voie ne serait pas directe, il deviendrait, je crois, extrêmement difficile de la décider à passer au cabinet de Saint-Pétersbourg une note collective. L'Autriche et la Prusse nous opposeraient, avec raison ce qui a été fait à Constantinople. Je conseillerai donc de nous borner à demander la signature d'un protocole qui constaterait : 1° la réception pour la Conférence de la réponse de Reschid-Pacha; 2° la conformité de cette réponse avec les vœux des puissances; 3° la nécessité de la faire parvenir à Saint-Pétersbourg comme contenant les bases sur lesquelles la paix devrait être rétablie entre la Turquie et la Russie. Vous trouverez ci-joint copie d'un projet de protocole rédigé dans ce sens, et que je vous prie de soumettre à l'appréciation de lord Clarendon.

M. le comte de Buol pourrait être chargé de communiquer à M. le comte de Nesselrode les propositions reconnues admissibles par la Conférence.

Agréez, etc.

Signé DROUYN DE LHUYS.

Le Gouvernement français, dans cette circulaire, proteste une fois de plus de ses vues désintéressées; l'accord de la France et de l'Allemagne est l'objet de ses vœux; il n'a qu'un but : la paix du monde. *L'Allemagne n'est pas menacée sur le Rhin par la France, mais sur le Danube par la Russie.*

## N° 35.

*Circulaire du Ministre des affaires étrangères aux agents de l'Empereur près les cours de la Confédération germanique.*

Paris, le 7 janvier 1854.

Monsieur, je me plais à espérer que ma dernière circulaire (1), en mettant dans tout son jour l'extrême modération du Gouvernement de l'Empereur, aura contribué à calmer l'émotion naturelle que le développement de la crise provoquée par la Russie a excitée en Allemagne. Je ne connais encore que d'une façon sommaire l'impression causée à Berlin et à Vienne par la nouvelle des résolutions de la France et de l'An-

(1) La dépêche adressée, en date du 29 décembre dernier, à M. le général de Castelbajac, a été transformée en circulaire et publiée par le Moniteur.

gleterre, mais je puis vous affirmer qu'elle n'a pas été défavorable. Tout me fait espérer que l'entente établie entre les quatre puissances sera maintenue, et que la Prusse et l'Autriche continueront à joindre leurs efforts aux nôtres pour faire accepter par la Russie les bases sur lesquelles la Porte est disposée à traiter.

Le soin que le Gouvernement de Sa Majesté Impériale n'a cessé de mettre, depuis un an, à resserrer ses liens avec les puissances allemandes, et l'attitude qu'il a gardée tant que l'on avait pu penser que l'intervention officieuse de l'Autriche suffirait pour arrêter le cabinet de Saint-Pétersbourg, sont de nature, ce me semble, à rassurer l'opinion publique au delà du Rhin, et à prouver que la France, dans la question qui s'agite, n'a eu en vue que l'intérêt de l'équilibre européen. Cet intérêt, je ne crains pas de le dire, est peut-être plus grand encore pour l'Allemagne que pour nous, puisque c'est sur le Danube qu'il est menacé; et nous ne concevrions pas que d'anciens souvenirs et des appréhensions mal calculées l'emportassent, dans l'esprit des divers cabinets de la Confédération germanique, sur l'évidence des faits.

J'ajouterai, Monsieur, que si l'accord de la France avec l'Allemagne n'était pas un des vœux de notre politique, que si nous nous laissions égarer par les idées qu'on nous prête, en un mot, que si notre but était la guerre et non la paix, nous aurions sans doute pris dans la lutte qui se prépare un rôle différent.

Nous n'avons, en effet, en Orient, que les intérêts de tout le monde; et si l'Empire Ottoman venait à s'écrouler, aucun de ses débris n'ajouterait rien à notre force. Contribuer au maintien de la Turquie, c'est donc, de la part de la France, contribuer au maintien des circonscriptions territoriales de l'Europe.

Si ces vues étaient moins loyales, si le désir des conquête

l'animait, le Gouvernement de l'Empereur aurait peut-être pu
trouver d'autres alliés et recevoir ailleurs une compensation à
ce qu'il aurait concédé en Orient. C'est alors, Monsieur, que
j'aurais compris les alarmes de l'Allemagne, qui, sous la pression d'une alliance à laquelle des projets également ambitieux
auraient pu d'autant plus facilement présider qu'ils ne se fussent point contrariés, aurait perdu la liberté de ses mouvements. Aujourd'hui, au contraire, c'est de cette liberté que
nous demandons à l'Allemagne de profiter pour nous aider, par
la fermeté de son attitude, à empêcher la guerre, à consolider
l'ordre à peine rétabli et à sauvegarder des intérêts qui sont, je
le répète, les siens autant que les nôtres.

Je vous prie, Monsieur, de puiser dans cette dépêche les éléments d'une conversation avec M..., et, si vous le préférez,
de lui en donner lecture.

Agréez, etc.

*Signé* DROUYN DE LHUYS.

Dans la conférence tenue à Vienne, le 13 janvier 1854,
les quatre grandes puissances déclarent que les conditions
auxquelles la Turquie se déclare prête à traiter avec la Russie sont conformes aux vœux des Gouvernements. La conférence charge l'Autriche de faire connaître cette opinion à
la Russie, et de lui transmettre en même temps la note
adressée par Reschid-Pacha aux quatre puissances.

## N° 36.

*Protocole d'une conférence tenue au ministère des affaires étrangères
à Vienne, le 13 janvier 1854.*

(Présents les représentants d'Autriche, de France, de Grande-Bretagne
et de Prusse.)

Les représentants d'Autriche, de France, de Grande-Bretagne
et de Prusse s'étant réunis en conférence, le représentant d'Autriche a donné lecture d'une note adressée par Reschid-Pacha
à l'internonce, en réponse à celle qu'il lui avait remise sous la
date du 12 décembre dernier, et qui était identique à la communication faite en même temps à la Porte par les représentants des trois autres cours à Constantinople. La réponse de

9

Reschid-Pacha étant le résultat d'une démarche faite par les quatre représentants avant que la note collective signée dans la conférence du 5 décembre fût arrivée à Constantinople, le représentant de l'Autriche a invité la conférence à examiner avec lui si le contenu de [cette pièce était en accord avec les vues et les intentions énoncées dans le protocole de la même date.

Après mûre délibération, les soussignés ont été unanimement d'avis que :

Les conditions auxquelles la Sublime Porte se déclare prête à traiter du rétablissement de la paix avec la Russie sont conformes aux vœux des Gouvernements et de nature à être communiquées au cabinet de Saint-Pétersbourg.

De plus en plus pénétrés de la gravité de la situation et de l'urgence d'y mettre un terme, les soussignés expriment la confiance que la Russie acceptera la reprise des négociations sur les bases qui, dans leur opinion, en assurent le succès, et offrent aux deux parties belligérantes l'occasion de se rapprocher d'une manière digne et honorable sans que l'Europe soit plus longtemps attristée par le spectacle de la guerre.

Les représentants de la Grande-Bretagne, de la France et de la Prusse s'en remettent au représentant de l'Autriche du soin de faire connaître au cabinet de Saint-Pétersbourg l'opinion consignée dans le présent protocole, auquel est annexée copie de la note adressée dans une forme identique par Reschid-Pacha aux quatre représentants à Constantinople.

Signé Buol-Schauenstein, Bourqueney, Westmoreland, Arnim.

*Annexe au protocole n° 2 de la conférence du 13 janvier 1854.*

(Traduction de la note de la Sublime Porte à l'internonce, en date
du 31 décembre 1853). (1ᵉʳ rebiulachir 1270.)

La note de Votre Excellence, en date du 12 décembre de
l'année courante (n. st.), d'une teneur identique à celles que
m'ont adressées ses collègues d'Angleterre, de France et de
Prusse, a été placée sous les yeux de Sa Majesté le Sultan.

Comme ces ouvertures communes témoignent des sentiments
pacifiques de Sa Majesté l'Empereur de Russie, et comme, pour
la Porte, la nécessité de faire la guerre se fonde uniquement
sur son intention de sauvegarder ses droits de souveraineté, et
que le projet qui vient de lui être soumis ne renferme rien qui
puisse porter atteinte aux droits sacrés du Gouvernement du
Grand Seigneur, comme enfin Sa Majesté le Sultan, guidée par
les égards particuliers et la parfaite confiance qu'elle voue aux
quatre cours, ses augustes alliées, a voulu qu'il fût adhéré en
substance au vœu qu'elles avaient énoncé, la Sublime Porte a
résolu d'adopter le projet en question dans les termes suivants :

Le premier point devra porter sur les délibérations ayant
pour objet l'évacuation de la Valachie et de la Moldavie dans
le plus bref délai possible.

La Sublime Porte, dans l'intention de ne point se départir
de son système de modération ni des conseils de ses alliés, donnera son assentiment à ce que les traités (avec la Russie) soient
renouvelés, et cet objet sera, en conséquence, la seconde question à traiter dans les conférences.

Quant aux priviléges religieux de tous les sujets du Sultan
qui ne professent point l'islamisme, ils ont été concédés dans le

9.

cours des siècles par la grâce des glorieux ancêtres de Sa Majesté le Sultan actuellement régnant, et confirmés par elle récemment encore, moyennant des firmans munis du chiffre impérial.

En outre, la Sublime Porte regarde comme une question d'honneur de maintenir ces privilèges à tout jamais, et, de même qu'elle l'a fait connaître à l'Europe entière lors de la publication du tanzimat, elle n'hésitera pas non plus, dans la présente occasion, à adresser à tous les États une déclaration portant qu'elle est animée de l'intention sincère et ferme de maintenir à perpétuité les privilèges religieux des différentes communautés de ses sujets, et, dans le cas où l'une de ces communautés posséderait un privilège de plus que les autres et que celles-ci demanderaient à y participer, la Sublime Porte, suivant ses sentiments de justice, consentira également à accorder l'égalité. Aussi la Sublime Porte ne fera aucune difficulté de communiquer, en les accompagnant de notes identiques conçues dans ce sens, des exemplaires des firmans susmentionnés à chacune des quatre cours, et, dans la même forme, à la cour de Russie.

Le projet rédigé pour compléter la décision prise au sujet de la Terre sainte et de la construction de quelques bâtisses destinées au culte sera définitivement adopté.

La Sublime Porte est prête ensuite à conclure la paix dans les voies que lui indiquent ses alliés. Il s'ensuit tout naturellement qu'aussitôt après l'arrivée de la nouvelle que la Russie a accepté cette base, un plénipotentiaire sera nommé et envoyé par la Porte, afin de conclure l'arrangement avec le plénipotentiaire russe dans une ville neutre à désigner par les quatre puissances, et dans une conférence à laquelle assisteront également les représentants des quatre puissances; qu'il sera alors aussi conclu un armistice temporaire et pour un terme fixé.

La multiplicité des relations et des alliances de la Sublime

Porte avec les États européens lui donnant, d'ailleurs, sous tous les rapports, le droit et la faculté de participer à la solidarité qui lie ces États entre eux et à la sécurité qu'ils y puisent, on reconnaîtra la nécessité de confirmer et de compléter dans ce sens le traité de 1841, et elle se repose, à cet égard, sur les efforts amicaux des cours alliées.

Un délai de quarante jours pouvant, d'après tous les calculs, suffire pour faire connaître à Saint-Pétersbourg la présente détermination et pour recevoir la réponse de cette capitale, on a, sous ce rapport aussi, recours à la bonté des quatre cours.

Enfin, Sa Majesté le Sultan, animée du désir particulier de faire participer toutes les classes de ses sujets aux principes de sécurité et de justice dont le tanzimat contient l'assurance, en faisant complétement appliquer les dispositions de cet acte, comme aussi d'assurer à tous le bénéfice des lois, en avisant à introduire dans l'administration les améliorations nécessaires, a ordonné par une résolution impériale de vouer à cet objet toute l'attention qu'il mérite, ce qui ne peut manquer d'être accueilli avec satisfaction par les cours, et ce que l'on se fait, par conséquent, un devoir de déclarer ici également.

Dépêche à M. le marquis de Moustier, ambassadeur français à Berlin. Le Gouvernement français prouve au cabinet de Berlin que l'intérêt de la Prusse est le même que celui des puissances occidentales. La Porte a accepté les offres de la conférence de Vienne. Peut-on reconnaître à la Russie la faculté de les repousser et de continuer une guerre condamnable et devenue sans prétexte, de l'aveu de toute l'Europe ?

## N° 37.

*A M. le marquis de Moustier.*

Paris, le 15 janvier 1854.

Monsieur le Marquis, vous savez déjà que le protocole dont je vous avais dernièrement envoyé le projet a été signé à Vienne le 13 de ce mois, et que la conférence a donné sa complète approbation à la réponse de la Porte, dont vous trouverez une copie ci-jointe. Le Gouvernement de Sa Majesté Impériale se félicite vivement du nouveau lien qui vient de se former entre les quatre puissances, et il y voit de sérieuses raisons de croire que la paix sera maintenue. Je vous répéterai, d'ailleurs, que c'est du degré d'énergie que les cabinets donneront, soit à leur attitude, soit à leur langage, que dépend la continuation de ce bienfait. Si la Russie a véritablement les vues désintéressées dont elle se proclame animée, il n'est pas une des conditions d'arrangement proposées par la Porte qu'elle ne puisse accepter.

Jamais, en effet, l'Europe et le cabinet de Saint-Pétesbourg avec elle ne se sont trouvés dans une meilleure situation pour obtenir, des actes spontanés de la Sublime Porte, les garanties que, dans le double intérêt de la religion et de l'humanité, on devait désirer pour les sujets chrétiens du Sultan ; jamais, non plus le Gouvernement ottoman n'a accepté plus ouvertement l'intervention amicale et civilisatrice des puissances chrétiennes. Le Gouvernement de Sa Majesté Impériale, Monsieur le Marquis, a la ferme confiance que le cabinet de Berlin, inspiré par l'esprit si élevé du roi Frédéric-Guillaume, saisira résolument l'occasion qui lui est offerte, en même temps qu'à ses alliés, de mettre ses sentiments d'accord avec les intérêts de sa politique, et de placer du même coup sous la sauvegarde des grandes puissances, et sans que la souveraineté de Sa Hautesse en reçoive la moindre atteinte, l'intégrité de la Turquie, ainsi que l'avenir de ses populations chrétiennes.

Dans l'appui donné sans compensation de ce genre à l'Empire Ottoman, il y aurait eu, et je comprends que des consciences délicates s'en soient émues, comme un abandon des traditions religieuses de l'Europe ; la question aujourd'hui change de face ; et, si la Russie se refusait à l'envisager sous son véritable aspect, de deux choses l'une : où elle agirait dans le but de détruire un pays dont l'existence est nécessaire à l'équilibre de l'Europe, ou elle obéirait à un esprit de secte que les autres communions ne sauraient ni comprendre ni encourager. Convions-la à se réunir à nous dans un intérêt général pour la chrétienté ; n'admettons pas qu'elle trouble le monde dans un intérêt particulier à une seule des branches de la religion du Christ.

C'est, en définitive, Monsieur le Marquis, dans ces termes,

si propres à sauvegarder sa dignité et à la rattacher plus complétement à l'Europe, que la Porte elle-même, dans la réponse
adressée aux quatre représentants, place les négociations qui
vont s'ouvrir. La part de la Russie en Orient restera toujours
très-grande, et, si elle ne l'acceptait pas, ce serait afficher des
prétentions à une omnipotence matérielle et morale que rien
ne justifierait. L'attitude de la France et de l'Angleterre prouve
déjà qu'elles sont résolues à s'opposer à un pareil agrandissse-
ment de puissance; ce qui est essentiel aujourd'hui, c'est que
le langage de la Prusse et de l'Autriche annonce la même
volonté.

M. le comte de Hatzfeld me demandait, il y a peu de temps,
ce que ferait le gouvernement de Sa Majesté Impériale si le
Divan repoussait les ouvertures de la conférence de Vienne. Je
lui ai loyalement répondu que nous pèserions sur celle des deux
parties qui mettrait le plus d'obstacle au rétablissement de la
paix, mais que nous pensions aussi que les autres imiteraient
notre exemple.

La Porte a accepté nos offres; pouvons-nous reconnaître à la
Russie la faculté de les refuser et de continuer une guerre condamnable dans son origine et, de l'aveu de l'Europe, devenue
sans prétexte? Admettons pour un moment l'hypothèse contraire;
supposons que nos ouvertures n'aient pas été accueillies à Constantinople : un concert unanime de reproches se serait élevé contre
l'opiniâtreté de la Turquie. Serait-il équitable, si la résistance
venait de la Russie, d'avoir deux poids et deux mesures? Je ne
le crois pas, Monsieur le Marquis, et, pour vous dire toute ma
pensée, j'ajouterai que, si l'Europe veut sincèrement obtenir de
la Porte des réformes salutaires et l'encourager à combler, autant
que possible, la distance qui sépare encore les différentes classes
de ses sujets, il est indispensable qu'elle ne craigne pas de la
recevoir dans son sein sur un pied d'égalité avec les autres puis-

sances. C'est alors seulement que ses conseils seront écoutés, parce qu'ils n'auront rien de blessant.

Je n'ai pas besoin de développer davantage ces idées; il me suffit, je n'en doute pas, de vous les indiquer pour que, dans vos entretiens avec M. de Manteuffel et le Roi lui-même, vous vous attachiez à les reproduire.

Recevez, etc.

Signé DROUYN DE LHUYS.

La Russie, qui a envahi les Principautés danubiennes, porté le fer et la flamme sur les bords du Danube, brûlé une flotille turque à Sinope, et dont les préparatifs annoncent une guerre d'extermination contre le Sultan, ne veut pas admettre l'intervention protectrice de la France et de l'Angleterre dans la mer Noire. M. de Nesselrode proteste, au nom de l'Empereur Nicolas, contre la présence des flottes combinées dans l'Euxin.

## N° 38.

*M. le comte de Nesselrode à M. de Kisseleff.*

Saint-Pétersbourg, 4 et 16 janvier 1854.

Monsieur, les représentants d'Angleterre et de France viennent de m'annoncer verbalement la résolution prise par leurs deux Gouvernements de faire entrer leurs flottes combinées dans la mer Noire, dans le but de mettre les ports et les côtes de la Turquie à l'abri d'une attaque de notre part. Le motif donné à cette détermination a été le coup porté à l'escadre turque à Sinope, opération navale que les deux cabinets représentent comme une agression gratuite. Ce n'est pas sans une pénible surprise que je l'ai entendu qualifier ainsi, lorsqu'il est

de notoriété que l'escadre turque, commandé par Osman-Pacha,
était partie du Bosphore chargée d'armes, d'argent, de munitions et de troupes de débarquement destinées pour nos côtes
de la Circassie, par conséquent dans un but agressif, dans le
but de développer les opérations, également agressives, qui ont
déjà ensanglanté le territoire russe en Asie. Cette escadre n'a-
vait pas, sans doute, quitté son ancrage du Bosphore pour
venir s'établir à Sinope : ce qu'elle y avait cherché, ce n'était
point une station maritime, mais bien un refuge passager. De-
vions-nous souffrir patiemment qu'elle eût, plus tard, accompli
sa destination hostile? Parce que, en Valachie, territoire turc,
nous avons déclaré vouloir attendre l'attaque des forces ottomanes, sommes-nous tenus à l'attendre également sur nos propres côtes? Devons-nous penser qu'aux yeux des puissances,
dans une guerre que nous n'avons pas voulue et qui nous a été
déclarée, à la Turquie seule appartient le privilége de l'offensive, et que, certains d'une agression prochaine et imminente,
nous nous sommes interdit à nous-mêmes le droit de la prévenir.

Si j'ai bien compris le sens des déclarations qui m'ont été
faites, et notamment ce qui m'a été dit par le représentant anglais, l'intention des deux puissances serait d'empêcher le retour d'un désastre semblable à celui de Sinope, et d'établir dès
aujourd'hui une sorte d'armistice naval prévenant toute attaque
de notre part contre les ports ou le pavillon turcs, mais veil-
lant, d'un autre côté, à ce que l'escadre ottomane ne commette
aucune aggression contre les bâtiments et le territoire russes. Il
est essentiel, Monsieur, que ce point soit nettement établi.
Assurément, c'est le moins que les deux cabinets puissent faire
pour ôter, du moins en apparence, au motif de l'entrée de leurs
flottes dans la mer Noire le caractère d'une hostilité flagrante
contre nous : car permettre l'attaque aux Turcs, en prétendant
nous l'interdire, ce serait prendre une part active à une guerre

qu'ils ne nous ont point encore déclarée. Il est seulement à regretter que les deux puissances, si elles voulaient prévenir de semblables collisions, n'aient pas, dès l'origine de la lutte, arrêté les entreprises maritimes dirigées par les Turcs contre nos rivages asiatiques, entreprises dont le conflit engagé à Sinope n'a été qu'une conséquence forcée, ou, plutôt encore, qu'elles n'aient point empêché les Turcs de nous déclarer la guerre; car, du moment qu'elles leur permettaient de nous la déclarer et de nous la faire en Asie comme en Europe, l'événement qui vient d'arriver ne pouvait demeurer entièrement exclu de leurs prévisions. Que si elles ont regardé comme contraire à l'indépendance de la Porte la prétention de lui interdire entièrement les hostilités, nous cherchons comment celle de ne lui permettre désormais que des hostilités limitées serait plus conforme à l'idée qu'elles se font de cette même indépendance.

Quant à nous, il nous est impossible d'envisager une résolution pareille autrement que comme une atteinte portée à nos droits de belligérants. L'Empereur se voit donc obligé de protester solennellement contre le principe de la déclaration qui lui a été faite, et ne saurait d'aucune façon en admettre la légitimité. Il attendra, pour se décider sur le parti ultérieur qu'il adoptera, la manière dont cette déclaration aura été mise à exécution par les amiraux des deux flottes, et l'attitude que leurs vaisseaux prendront à l'égard des nôtres.

Il ne peut que regretter de voir la paix avec l'Angleterre et la France, que jamais il n'a voulu rompre, compromise par ce nouveau développement donné au système de pression que les deux puissances maritimes ont cru devoir, dès l'abord, adopter à son égard, et qui, progressant de mesure en mesure, engageant chaque fois davantage sa dignité comme la leur, en même temps qu'il encourageait les Turcs à pousser les choses à l'extrême, a fini par conduire la situation en Orient à son état de tension actuelle. Un hasard suffit aujourd'hui pour produire une collision d'où naîtrait une conflagration générale, et l'Empereur repousse d'avance la responsabilité de l'initiative qui en aura donné le signal.

Votre Excellence voudra bien donner au cabinet français lecture et copie de cette dépêche.

Recevez, etc.

Signé NESSELRODE.

————

La Russie, qui a repoussé les offres de la Conférence de Vienne, demande des explications à la France sur l'entrée des flottes dans la mer Noire. Elle demande que la Turquie et la Russie soient traitées sur un pied d'égalité, c'est-à-dire qu'un armistice soit établi dans la mer Noire, et que, si on bloque les vaisseaux russes à Sébastopol, on bloque les vaisseaux turcs à Constantinople.

## N° 39.

### M. de Kisseleff à M. Drouyn de Lhuys.

Le soussigné, envoyé extraordinaire et ministre plénipotentiaire de Sa Majesté l'Empereur de Russie, a reçu l'ordre de s'expliquer et de s'entendre avec S. Exc. M. le ministre des affaires étrangères sur le sens précis d'une communication dont M. le ministre de France à Saint-Pétersbourg vient de s'acquitter verbalement auprès de M. le chancelier de l'Empire.

Si elle a été motivée par le désir d'éloigner l'éventualité d'une collision entre les forces navales russes et ottomanes, ce résultat ne pourrait être obtenu que par l'observation d'un principe de juste réciprocité.

A cet effet, il faudrait, d'abord, qu'il fût expressément entendu que l'escadre ottomane eût désormais à s'abstenir de toute agression contre le pavillon et contre le territoire russes sur la côte d'Europe et d'Asie.

Sous cette condition, une égale sécurité serait acquise en faveur du pavillon et du littoral ottomans.

En second lieu, et pour qu'il fût permis aux navires turcs de continuer sans obstacle à entretenir les communications d'un port ottoman à l'autre, afin d'y envoyer des vivres, des munitions et des troupes, il faudrait que la même condition demeurât assurée aux navires de la marine impériale pour maintenir librement les communications d'un port russe à l'autre sur le littoral d'Europe et d'Asie.

Ces dispositions, ainsi convenues et strictement mises à exécution, auraient pour résultat de suspendre, de fait, les hostilités par mer entre les parties belligérantes.

Le soussigné a l'honneur d'inviter S. Exc. M. le Ministre des affaires étrangères à vouloir bien l'informer, en réponse à cette note, si les intentions du Gouvernement de Sa Majesté l'Empereur des Français sont d'accord avec celles du cabinet impérial sur les principes de parfaite réciprocité établis par la présente communication.

Le soussigné profite de cette occasion pour offrir à S. Exc. M. Drouyn de Lhuys les nouvelles assurances de sa haute considération.

Paris, le 14/26 janvier 1854.

Signé KISSELEFF.

Réponse de S. E. M. Drouyn de Lhuys. La demande de la Russie n'est pas acceptable. Les flottes sont entrées dans la mer Noire pour arrêter, autant que possible, le cours d'une guerre que les efforts de la France avaient vainement tenté de conjurer. Les amiraux empêcheront que les vaisseaux turcs ne dirigent aucune aggression sur le territoire russe, en même temps qu'ils empêcheront les vaisseaux russes de sortir de Sébastopol; mais ils ne sauraient mettre obstacle à ce que les Turcs ravitaillent leurs troupes de terre sur leur propre territoire. Agir différemment, ce serait affaiblir les moyens de défense du Sultan et rendre plus certaine la chute de son Empire.

## N° 40.

*M. Drouyn de Lhuys à M. de Kisseleff.*

Paris, 1er février 1854.

Le soussigné, ministre secrétaire d'État au département des affaires étrangères, s'est empressé de placer sous les yeux de S. M. l'Empereur la note que M. de Kisseleff, envoyé extraordinaire et ministre plénipotentiaire de S. M. l'Empereur de Russie, lui a fait l'honneur de lui adresser en date du 26 janvier,

Le Gouvernement de Sa Majesté Impériale avait pensé que la communication dont M. le général marquis de Castelbajac s'était rendu l'organe auprès de S. Exc. M. le comte de Nesselrode ne devait pas laisser de doute sur ses intentions ; mais, puisque le cabinet de Saint-Pétersbourg a jugé nécessaire de provoquer à ce sujet de nouvelles explications, l'Empereur, mon auguste souverain, m'a ordonné de les lui fournir avec la plus entière loyauté.

L'escadre française n'est entrée dans la mer Noire que lorsque des faits, sur la gravité desquels il n'y avait malheureusement plus à se méprendre, ont révélé les dangers que courait l'existence d'un Empire dont la conservation est nécessaire à celle de l'équilibre européen. Le Gouvernement de Sa Majesté Impériale a, en conséquence, voulu, par l'interposition de ses forces navales, arrêter, autant qu'il dépendait de lui, le cours d'une guerre qu'il n'avait vu éclater qu'avec le plus profond regret, et que ses efforts les plus sincères avaient vainement tenté de conjurer.

M. le vice-amiral Hamelin a reçu, dans ce but tout pacifique, l'ordre de mettre le territoire et le pavillon ottomans à l'abri des attaques dont ils pourraient encore devenir l'objet, en faisant rentrer les navires russes rencontrés en mer dans le port russe le plus voisin, et d'empêcher, en même temps, que les vaisseaux turcs ne dirigent aucune agression contre le littoral de l'empire russe. Ces bâtiments ne doivent être employés qu'au ravitaillement des côtes de la Roumélie et de l'Anatolie, c'est-à-dire contribuer seulement à la défense de la Turquie, menacée dans l'intégrité de son territoire et dans ses droits de souveraineté par l'occupation de deux de ses provinces, et par le déploiement d'un appareil maritime et militaire hors de proportion avec les ressources dont elle dispose elle-même.

C'est de cette différence caractéristique dans les positions respectives que le Gouvernement de Sa Majesté Impériale a tenu compte, lorsqu'il a transmis au commandant en chef de ses forces navales les instructions au sujet desquelles de plus amples informations lui sont demandées; et il n'aurait pu interdire, d'une façon absolue, au pavillon ottoman, la navigation de la mer Noire sans affaiblir encore les moyens de défense déjà insuf fisants de la Sublime-Porte.

Le soussigné ne voit pas qu'une telle attitude soit en contradiction avec les sentiments d'amitié que le Gouvernement de Sa Majesté Impériale professe pour la Russie, et il déclare hautement qu'elle ne lui a été inspirée que par le vif désir de coopérer au rétablissement de la paix entre les deux parties belligérantes, à des conditions proposées par l'une d'elles et soumises à l'autre après avoir reçu la sanction des grandes puissances de l'Europe.

Le soussigné profite de l'occasion pour offrir à M. de Kisseleff l'assurance de sa haute considération.

Signé DROUŸN DE LHUYS.

M. de Kisseleff annonce qu'il va quitter Paris avec le personnel de son ambassade et se rendre en Allemagne.

## Nos 41 et 42.

*M. de Kisseleff à M. Droüyn de Lhüys.*

Le soussigné, envoyé extraordinaire et ministre plénipotentiaire de S. M. l'Empereur de Russie, a eu l'honneur de recevoir la note que S. Exc. le ministre secrétaire d'État au département des affaires étrangères a bien voulu lui adresser, en date du 1er février.

Elle ne satisfait point aux conditions de juste réciprocité sur lesquelles le soussigné a reçu l'ordre d'insister, au nom de sa cour, par sa note du 14/26 janvier.

Cette communication, si elle avait été appréciée comme elle méritait de l'être, aurait eu pour effet, d'une part, de restreindre les calamités de la guerre dans des limites acceptables pour les deux parties belligérantes, tandis que, de l'autre, elle offrait à la France une nouvelle preuve du désir constant de S. M. l'Empereur d'éloigner de ses relations avec elle tout motif de mésintelligence.

Le soussigné regrette que l'esprit de bienveillance qui a dicté cette démarche n'ait pas rencontré des intentions également

10.

conciliantes. Dès lors, sa ligne de conduite était tracée par un sentiment profond de respect pour la dignité du souverain qu'il a l'honneur de représenter.

Fidèle à ses devoirs, il ne saurait admettre que le Gouvernement de Sa Majesté l'Empereur des Français, en paix avec la Russie, prétende entraver la liberté des communications que la marine impériale est chargée d'entretenir entre les ports russes, tandis que les navires turcs transportent des troupes d'un port ottoman à l'autre sous la protection de l'escadre française.

Cette distinction étant contraire aux règles du droit public, comme aux égards mutuellement observés entre puissances amies, le soussigné se trouve placé par là dans l'impossibilité de continuer l'exercice de ses fonctions tant que le Gouvernement de Sa Majesté l'Empereur des Français n'aura pas repris envers la Russie une attitude conforme aux rapports de bonne intelligence et d'amitié qui ont si heureusement subsisté jusqu'ici entre les deux pays.

Plus le soussigné attachait de prix à entretenir ces rapports, plus il regrette l'obligation où il se trouve de les suspendre.

Il a l'honneur de notifier à M. le ministre secrétaire d'état au département des affaires étrangères qu'il va quitter Paris, accompagné du personnel de l'ambassade, et se rendre en Allemagne jusqu'à nouvel ordre.

Le soussigné profite de l'occasion pour offrir à Son Excellence M. Drouyn de Lhuys l'assurance de sa haute considération.

Paris, le $\dfrac{\text{23 janvier}}{\text{4 février}}$ 1854.

Signé KISSELEFF.

Réfutation de cette note par S. Exc. M. Drouyn de Lhuys. Depuis la mission du prince Menschikoff, la Russie a toujours répondu par des actes d'hostilité aux efforts que faisait l'Europe pour amener la paix. Toutes les mesures dont elle se plaint, n'ont été prises par la France et l'Angleterre que pour répondre à quelques-unes de ses violences. La France et l'Angleterre, cependant, proposent encore à la Russie les conditions d'une paix honorable : si elle les repousse, la responsabilité des événements pèsera tout entière sur elle.

## Nᵉ 43.

*A M. le général de Castelbajac.*

Paris, le 1ᵉʳ février 1854.

Général, M. le ministre de Russie est venu me lire une dépêche de M. le Comte de Nesselrode, dont il avait reçu l'ordre deme laisser copie, et que j'ai l'honneur de vous transmettre ci-jointe.

Je ne veux pas entrer dans des détails superflus, encore moins ouvrir une discussion irritante, mais je n'ai pu qu'éprouver une sincère impression de regret en voyant attribuer à l'attitude du

Gouvernement de Sa Majesté Impériale, dans les phases successives du différend survenu entre le cabinet de Saint-Pétersbourg et la Sublime-Porte, un caractère qui serait en contradiction avec la loyauté et la modération constante de sa politique.

M. le comte de Nesselrode rattache à ce qu'il appelle un système de pression exercé à l'égard de la Russie par les puissances maritimes des actes qui n'ont pas été la cause, mais seulement la conséquence des mesures que la Russie elle-même avait adoptées la première, et qui, sans ralentir le zèle que nous avons mis à rechercher des moyens de pacification, nous imposaient simultanément le devoir de prendre en sérieuse considération un autre intérêt, celui de la conservation de l'Empire ottoman, menacé par des forces dont la disproportion avec les siennes légitimait nos inquiétudes. Le Gouvernement de l'Empereur a la consciencieuse conviction d'avoir fait ce qui dépendait de lui pour concilier, dans le rôle que les circonstances l'appelaient à remplir, les sentiments d'amitié qu'il professe pour la Russie, ainsi que son amour de la paix, avec les exigences de ses traditions et sa dignité.

Que les démonstrations successives qu'il s'est trouvé dans la nécessité d'accomplir aient été des avertissements, je le reconnais, si l'on veut; mais ce que je suis, Général, en droit de contester, c'est qu'elles aient été des menaces et encore moins des provocations.

Quelle était, en effet, la nature des relations du cabinet de Saint-Pétersbourg avec la Sublime Porte jusqu'au jour où les armées russes ont passé le Pruth? M. le prince Menschikoff avait quitté Constantinople; les négociations cependant se poursuivaient encore par une autre voie, et si tendue que fût la situation, elle était toujours purement diplomatique: elle n'a changé d'aspect qu'à la suite de l'occupation de la Moldavie et de la Valachie par des troupes étrangères. S'il est un acte de guerre incontestable, c'est assurément l'invasion armée d'un territoire malgré la volonté expresse de son légitime souverain; en droit comme en fait, la Russie déclarait donc la guerre à la Turquie en prenant possession de deux de ses provinces.

Au lieu d'exciter la Porte, comme M. le comte de Nesselrode lui en fait aujourd'hui le reproche, le Gouvernement de Sa Majesté Impériale a mis tous ses soins à la calmer; et si, fidèle à la conduite qu'il s'était tracée, et dont, je ne saurais trop le répéter, les deux mobiles étaient la conservation de la paix et celle de l'Empire Ottoman, il envoyait une escadre dans la baie de Besika, il ne profitait en même temps de son influence à Constantinople que pour déterminer le Divan, bien que l'intégrité du territoire turc fût violée et la souveraineté du Sultan méconnue, à reculer autant que possible le moment de repousser la force par la force. Une négociation à laquelle la France, l'Angleterre, l'Autriche et la Prusse avaient pris part, se suivait activement; une note avait été présentée à la Porte par les soins des quatre puissances, et il est permis de croire qu'elle eût fini par devenir la base d'une transaction générale, si un commentaire inopportun n'en eût rendu l'acceptation impossible pour tout le monde.

Dans l'intervalle, les faits matériels s'étaient multipliés et aggravés : l'armée russe se fortifiait dans les Principautés; tout rapport avec l'autorité suzeraine demeurait interdit aux hospodars; l'occupation de la Moldavie et de la Valachie aboutissait forcément à la guerre, et les événements qui se passaient sur le Danube amenaient à Constantinople les escadres de France et d'Angleterre. Si compromise que parût dès lors la situation, le Gouvernement de Sa Majesté Impériale n'en joignit pas moins ses efforts à ceux de ses alliés pour trouver enfin un moyen honorable de terminer un incident qu'il ne regrettait pas moins qu'eux-mêmes, et c'est au milieu de ce travail de pacification que le combat de Sinope l'a surpris. Sans renoncer à l'espoir de la paix, il a dû ouvrir les yeux sur les dangers que cette agression inattendue faisait courir à la Turquie, et son escadre est entrée dans la mer Noire.

L'appareil militaire déployé quelques mois auparavant par la Russie dans les Principautés, voilà donc, Général, la première cause de celui que nous déployons à notre tour dans l'Euxin, et le retard que nous avons mis à le faire, joint au rappel des circonstances qui nous y ont contraints, sous peine d'abandonner un des intérêts que le cabinet de Saint-Pétersbourg, depuis l'origine de la crise, savait que nous avions en vue, indique suffisamment de quelle modération s'inspirait notre politique.

Si la Russie domine aujourd'hui en Valachie et en Moldavie, si elle y interdit à la Porte jusqu'au moindre exercice de sa souveraineté, nous venons, nous, occuper la mer Noire avec nos forces navales, pour contrebalancer l'envahissement des provinces du Danube. Notre but est d'empêcher que cette mer, qui baigne les côtes de la Turquie en même temps que celle de l'empire russe, ne devienne encore une autre route pour atteindre un pays dont l'existence importe à l'Europe entière. Il n'y aura pas, dit-on, d'égalité entre les positions, si la flotte russe est retenue dans les bassins de Sébastopol, et si la flotte turque sort librement du Bosphore. La remarque est vraie, mais il n'y a pas non plus d'égalité entre les moyens généraux de l'attaque et de la défense; et si, par un sentiment qui a dû être apprécié à sa valeur, nous nous opposons à ce que les vaisseaux turcs dirigent des aggressions contre le littoral de la Russie, nous ne saurions leur interdire, dans les conditions que nous avions le droit de mettre à notre appui, la navigation d'une mer où nous ne sommes entrés que parce que la Porte y a consenti. Ce n'est donc pas un armistice naval que nous proposons d'établir, bien qu'en fait il doive exister; c'est d'un armistice plus complet que nous avons eu l'intention de poser les bases. Nous avons agi dans la pensée d'arrêter une guerre funeste, une effusion de sang inutile.

Le cabinet de Saint-Pétersbourg, en effet, connaît aujour-
d'hui les conditions assurément honorables auxquelles la paix
peut être rétablie; notre présence dans l'Euxin lui est également
expliquée avec assez de loyauté et de franchise pour qu'il com-
prenne qu'il est le maître de la faire cesser. Ce serait s'il faisait
évacuer les Principautés et les autres points du territoire Ottoman
occupés par les troupes russes, et s'il négociait avec un plénipotentiaire de la Porte une convention qui serait soumise à une
Conférence des quatre puissances réunies dans le même lieu. La
responsabilité des événements, Général, lui appartient donc
tout entière, et nous voulons encore croire que sa sagesse saura
conjurer le développement d'une crise qui n'a déjà que trop
duré. Vous voudrez bien, Général, donner à M. le comte de Nesselrode lecture et copie de cette dépêche.

Recevez, etc.

Signé DROUYN DE LHUYS.

Rappel de M. l'Ambassadeur français de Saint-Péters-bourg.

## N° 44.

*A M. le général marquis de Castelbajac, à Saint-Pétersbourg.*

Paris, le 16 février 1854.

Général, j'ai l'honneur de vous transmettre, par ordre de l'Empereur, les instructions que vous avait laissé pressentir le contenu de mes dernières dépêches. La note responsive que m'a adressée M. de Kisseleff, et que vous trouverez ci-jointe, attribue à son départ des motifs qui placent le Gouvernement de Sa Majesté Impériale dans la nécessité de ne pas prolonger à Saint-Pétersbourg le séjour de son représentant. Vous aurez donc, à la réception de cette dépêche, à vous concerter avec Sir H. Seymour, pour remettre à M. le comte de Nesselrode une note dans laquelle, vous bornant à alléguer le départ de M. le Ministre de Russie, vous demanderez vos passe-ports. Le personnel de l'ambassade russe suivant son chef, les secrétaires et attachés de votre mission quitteront également Saint-Pétersbourg avec vous. Vous vous bornerez, comme M. de Kisseleff l'a fait ici pour M. d'Ebeling, consul général, à présenter à M. le comte de Nesselrode M. de Castillon, qui restera, jusqu'à nouvel ordre, chargé des intérêts de notre commerce et de nos nationaux.

Recevez, etc.

Signé DROUYN DE LHUYS.

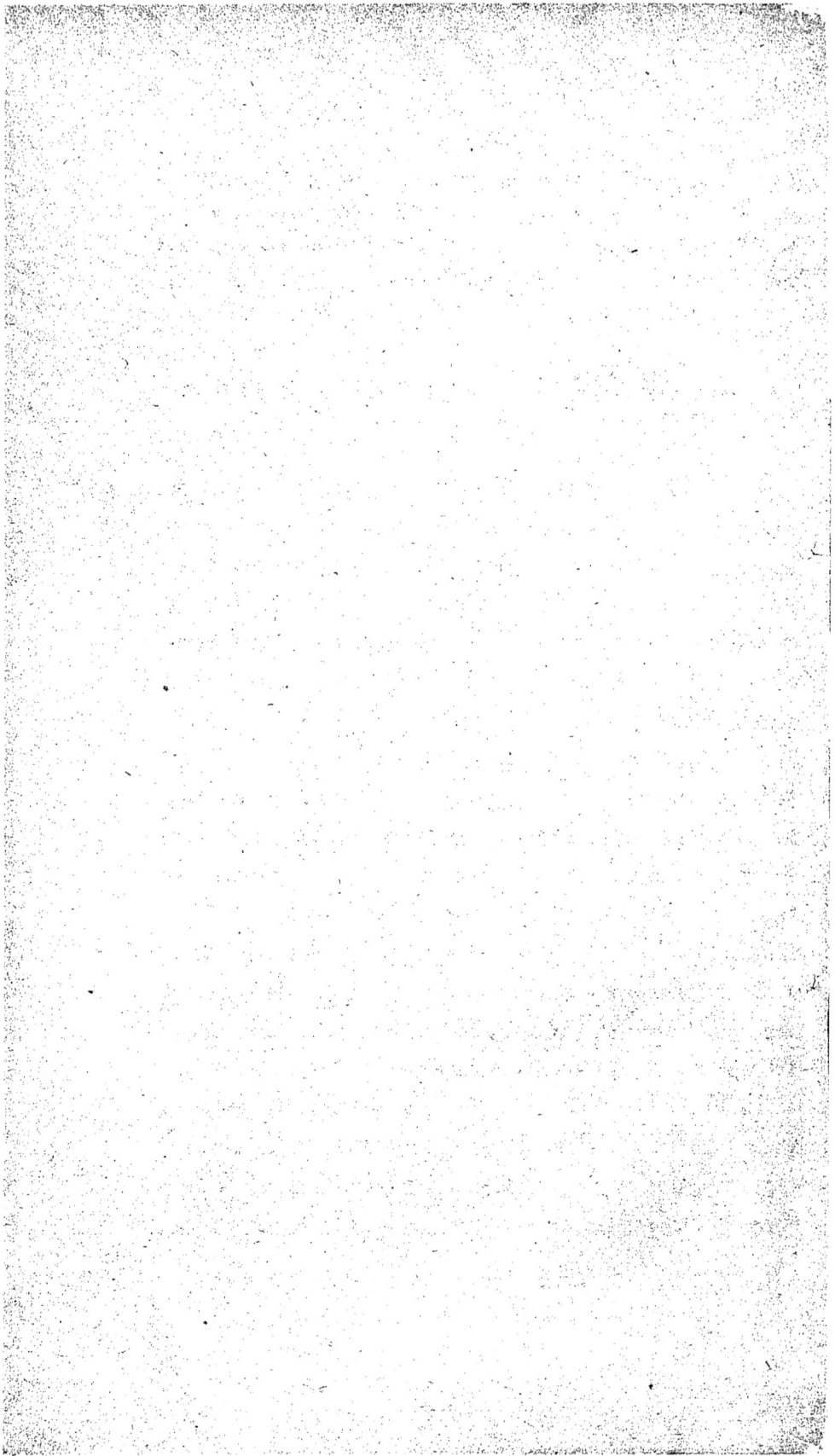

# CONCLUSION.

On a pu voir, à la lecture de ces dépêches, que l'Empereur de Russie a constamment poussé à la guerre. Il a été sourd aux observations de ses alliés, aux instances de ses amis. Son égoïsme hautain se refuse à tenir compte d'une autre autorité que la sienne, et il veut que son Empire soit sans borne comme son ambition.

C'est donc le Czar, c'est lui seul qui, après avoir violé les traités, après avoir envahi, en pleine paix, le territoire de la Turquie, trouble violemment, sans motifs avouables, la paix du monde, interrompt les transactions commerciales, et porte atteinte à la fortune publique et à la fortune privée. L'Europe serait digne du mépris éternel de l'histoire, si elle souffrait des prétentions qui sont une insulte aujourd'hui, et qui deviendraient une ruine demain.

La France a déjà fait connaître qu'elle ne les souffrira pas. Fidèle observatrice des traités, elle les fera respecter des autres. Seules contre les Russes, les armées françaises les ont toujours et complétement battus, à Austerlitz, à Eylau, à Friedland, à Smolensk, à la Moscowa : réunis à l'armée anglaise, maîtres de toutes les mers, appuyés par une flotte combinée qui sera, dans trois mois, de quatre-vingts vaisseaux de ligne, les soldats français, dignes enfants de leurs glorieux pères, auront promptement et solidement rétabli la paix, nécessaire au travail et au bien-être des familles et des nations.

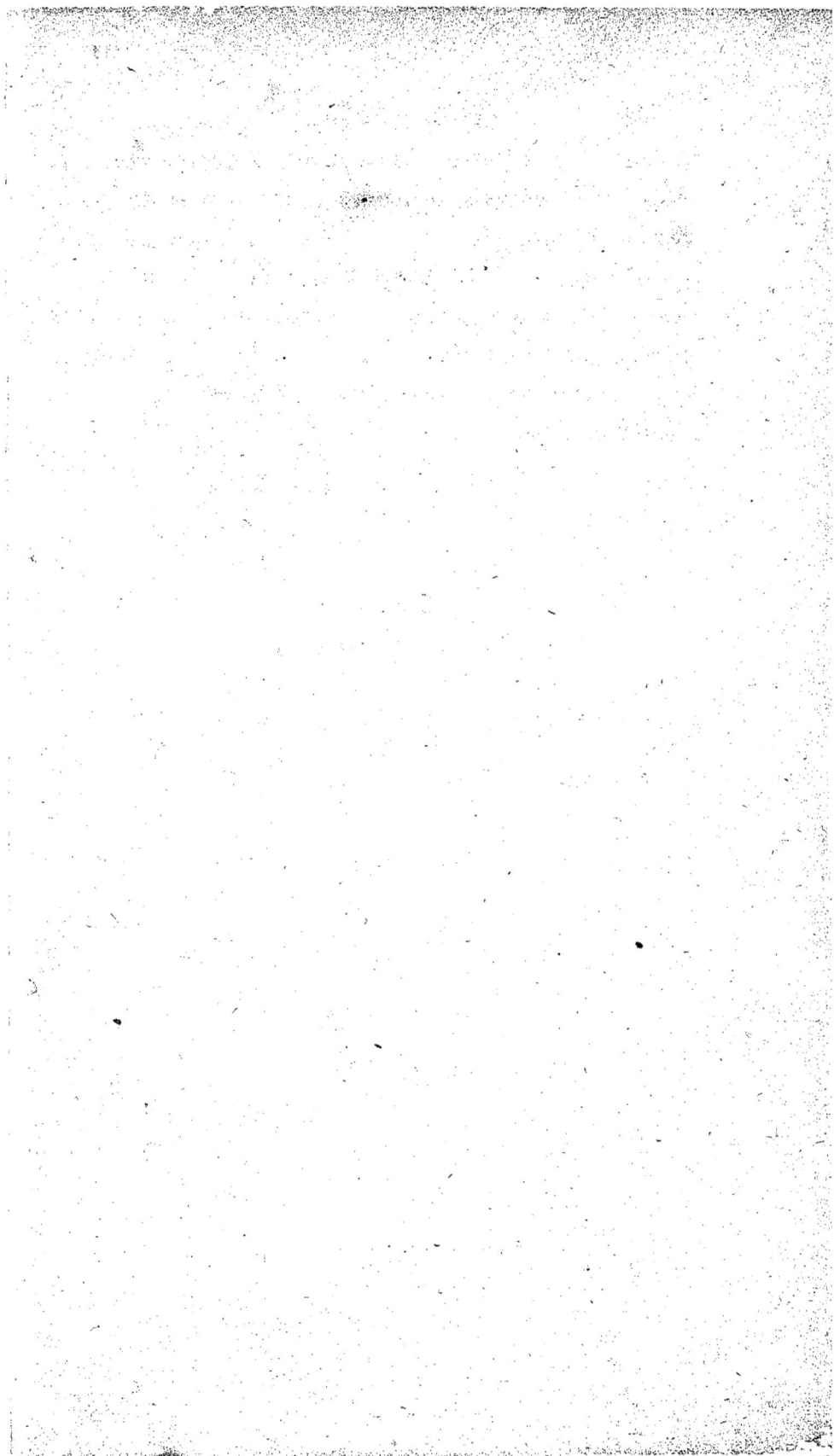

www.ingramcontent.com/pod-product-compliance
Lightning Source LLC
Chambersburg PA
CBHW050015100426
42739CB00011B/2658